# 100 張圖成為 當沖贏家

方天龍／著

# 序
# 挑戰當沖，您該有一本《九陽真經》！

一隻狐狸發現一雞窩，卻因太胖進不了柵欄。餓了三天，終於進入。飽餐後太胖又出不去，只好重新餓了三天才出去。

—— 整個過程中只過了一個嘴癮，基本上是白忙。山南山北走一回！

2017 年 4 月 28 日起，台股原本 0.3％的當沖交易稅降為 0.15％，目前期限延長到 2024 年 12 月 31 日。這個降稅政策激勵「當沖」的風氣，大戶也因短線交易而樂此不疲，乃造成今日「短線盛行」的現象。不只中長線投資人感覺股價「抱上又抱下」，就連波段操作者也常感覺漲跌難測，就像前述故事中的狐狸一樣，賺了又吐出來，白忙一場！於是，受到教訓的股友也只好跟著一起短進短出，股市惡性循環形成「全民當沖」，不只大戶玩得起勁，散戶也越做越短。那麼，您還可以繼續固守雷區、不順勢操作嗎？可以不懂當沖、不學習當沖技法嗎？除非您願意失敗再失敗、跌倒就爬不起來！

## 照顧我的粉絲，讓他們不再孤單

台灣的「認知作戰」（cognitive warfare），一度成為網路熱門關鍵字，其實古代戰爭的散發文宣、聲討敵人，叫做「檄文」；而現代戰爭則是一種結合多元領域技術，藉以影響並打擊對手的能力培育。本書便是專門針對「老是做不好、老是打不過當沖」的散戶，予以贏家的經驗傳承。以我數十年、數萬次以上的實戰經驗，企盼能改變部

分粉絲一直成為輸家的宿命！

為了照顧幾千位常常寫信給我，甚至蒐集我一整套作品的讀者，九年前我特別創立了一個嚴格審核的優質免費群組【天龍特攻隊】。我一向不接受電視、電台、雜誌、直播平台的採訪和邀請成為嘉賓，也很少主動去邀請身分不明的人加入我的【天龍特攻隊】群組，純粹只是讓我的著作粉絲參與。這個群組不給明牌、不收費、不代操、不集資炒作，不做任何違法的事，旨在回饋，讓志同道合的粉絲聚在一起，互相激勵而已。九年來，不知不覺也累積了四個群組（每個群組以 500 人為限），若干投顧老師助理來此拉人成為他們高收費會員的野心家，都已被我踢出。所以群組能一直保持「優質」的美名。

很多粉絲都說我「佛心」，其實是「同理心」。因為我剛出道時也有大量的失敗經驗，也非常無助；寫信給知名作者，從未見回函。我了解讀者，所以我至今從未漏回任何一封信；粉絲在 LINE 的求助，也從未漏回任何一個問題。我是「穿越過去」、換位思考、將心比心，不想讓愛護我的讀者失望！這就是我一直想照顧粉絲的「同理心」！

## 聽明牌做當沖，永遠不會成功

我在群組中，始終告訴粉絲，「大部分的成功贏家都有一段閉門潛心讀書的日子」，用以鼓勵他們要肯花點時間認真研究，不要只是莽莽撞撞、沖來沖去，要靜下心來仔細檢討失敗原因。因為我觀察一些失敗的新手，發現他們之所以失敗，多半是很少用功研究，只聽明牌，或見到強勢股就「先買後賣」………結果臨收盤了，股價依然沒有上揚，最終只好認賠！如果他肯從技術面、籌碼面去尋求為什麼股價不上來的原因，那就會一次比一次進步！沒有做不好的買賣，只看您用不用心而已。

不瞞您說，自從我離開報社，到廣東、上海住了十年，我才是真正靜下心來認真研究股票（因朋友都在台灣，不會受到干擾）。這就好像武俠小說中的俠士在山洞裡苦練神功一樣。「十年磨一劍」！我每天至少用 10 小時，憑著幾套股票軟體研究、測試、驗證、創新、發明，終於找到適合自己的《九陽真經》！一年 365 天，我從未離開過股市，透過不斷地研判、修正、檢討，終能成為金庸小說中的張無忌了！

人性是「好逸惡勞」的，我所見過的失敗者多半是只想聽明牌，懶得用功。一旦明牌失靈，就呼天搶地、怨天尤人。以「當沖」來說，隨機應變是最重要的心理準備，如果您擁有明牌而不知變通，很可能講明牌的人獲利下車，您卻扼腕嘆氣、住進套房！

靠山山倒，靠樹樹倒，靠自己最好！奉勸讀者一定要肯花一段時間好好練功。就從拙著這本書開始升級您的功力吧！

## 任何謊言誘惑，都勿匯款給詐騙集團

最後，要聲明一下：我的臉書帳號（https://www.facebook.com/profile.php?id=61554671011769）都只由我一人經手，沒有任何其他人打理，我也從未請過所謂的助理或助教，凡事親力親為。若有想要參與我所建立的、優質的【天龍特攻隊】LINE 群組，請由這個網址私訊與我聯繫。不過，最近卻有不肖之徒，利用我的名義與我貼過的文、圖，另外假冒我的身分，在 LINE 申請了一個假帳號，想要詐騙我的粉絲、讓我的粉絲誤入他們的群組，請小心不要隨便掃他們的 QR Code，以免中招！

盜圖、盜文字、盜頭像、利用「方天龍」名義開設詐騙群組的疑犯，如今已查獲！該公司請了一堆「女助教」天天向您噓寒問暖、贈送明牌（聽說一買就套，十天半月都無法解套）。感謝粉絲舉報並提供線索，目前警方已在監控蒐證中。

提醒誤入假群組的粉絲注意，該公司旨在拉您參加他們高收費的會員行列。所謂免費群組，只是橋樑，他們旨在撈錢，還會利用各種謊言勸您匯款，例如假稱與證券公司合作、可以幫您買到已漲停的股票，或幫您買到已中籤的新上市股票。醒一醒，可能嗎？假群組通常利用人性的貪婪誘您匯款，一旦錢到手，隨時會解散群組（不解散，也會吃上被告的官司），或把您移出群組。如果假借方天龍名義開設的偽群組要您匯款，請截圖提供給我證據。我將轉送檢調單位，以便請歹徒吃免費牢飯！

　　我的「天龍特攻隊」群組，是「實名制」的，野心家不敢進來，因為會被淘汰。目前我的「建檔讀者」名冊中有 18 位博士（含準博士）、數百位碩士，還有 1 位台大醫師、4 位有執照分析師、3 位有執照的理財師、1 位資深歌手，還有台積電、台達電、友達等主管，上市公司副總、財務主管、律師、大學生、上班族、小資男女、打工族，大家都相處得很好。創立九年來，有身分地位的群友，至今都沒離開。群組中人自然不會上詐騙集團的當，我要提醒的是從未與我本人聯絡的新讀者，怕他們誤入詐騙集團的群組，被各種不可能實現的謊言迷惑而受害。

　　如果您不幸已淪入詐騙集團的群組中，惟一解套方法，就是：任何情況下都絕勿匯款給他們！同時，歡迎您重新加入我們優質的「天龍特攻隊」群組。和用功的群友在一起，您不會懶惰；和積極的群友在一起，您不會消沉；與智者同行，您會與眾不同；與高人為伍，您能登上巔峰！

方天龍

方天龍專用信箱：robin999@seed.net.tw
方天龍臉書網址：https://www.facebook.com/profile.php?id=61554671011769

# PART 3 學會多空精準判讀

# PART 4 當沖的高勝算祕訣

# PART 5 進出場的買賣點抉擇

# PART 6 當沖實戰的贏家思維

PART

# 1

# 當沖的
# 認知作戰

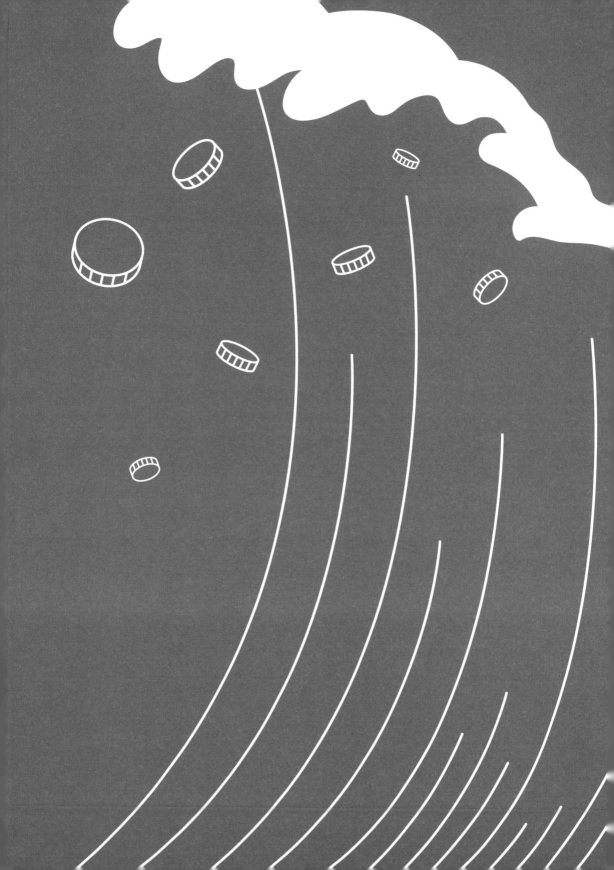

# 01 有必要學當沖嗎？

重點提問：有些「過來人」說：「從來就沒聽說有人靠當沖致富的。」那為什麼我們還要學「當沖」呢？投身股市不是為了求財嗎？

　　根據筆者上萬次的交易經驗，我認為常常練習當沖，只要方法正確，其實是「技不壓身」的。「過來人」應該知道，光是有技術沒用，投資還需要克服極多人性的難題。特別在股市操作，人性是需要修鍊的。股市當沖的磨練，最容易讓一個人的急躁、恐懼、激動、後悔等各種情緒現形。投資人往往需要經歷不斷的失敗、學習、改變、修正，才能克服各種不夠冷靜的判斷和錯誤，達到高度智慧的操盤境界。常玩當沖的人，比不玩當沖更容易從失敗中求得操作經驗。

## 當沖報酬率，上班族難望項背

　　真正摸得到成功訣竅的人，只是少數；長期可以靠當沖持續獲利的人並不多，這就是「八二定律」的由來。而邁向成功、奔向卓越，則是一個人「實現自我」的最佳機會。只要懂得風險控管，當沖的投資報酬率已算可觀。秀才不出門，能賺天下財；上班族領薪水，怎麼說也不如當沖獲利快！

表 1-1　當沖的好處

| | 優點 | 解釋 |
|---|---|---|
| 1 | 考驗人性<br>訓練盤感 | 在股市中學會克制「貪」與「怕」的人性弱點，當沖是最有效的磨鍊。 |
| 2 | 掌握獲利<br>培育信心 | 有人是靠超高信用條件去做「低差價、高退佣」的交易而成為贏家；也有人是靠資金控管的低投資比例、輕鬆下單去做穩穩的當沖；也有人是靠內線交易去押多空的一方；也有人是靠前一晚的籌碼研究來判斷多空；也有人是憑看盤經驗做當沖；也有人純以運氣賭機率；更有人本身就是主力，用大筆足以影響行情的資金去操縱當沖。不論做法是否可議，誰說當沖沒有「交易聖杯」呢？八仙過海，各顯神通！ |
| 3 | 邁向成功<br>自我實現 | 真正摸得到成功訣竅的人，只是少數；長期靠當沖致富者確實不多，這就是「八二定律」的由來。但挑戰成功、奔向卓越，則是一個人「實現自我」的最佳機會。 |
| 4 | 不先付款<br>借雞生蛋 | 當沖是投資人在當天把同一數量的股票軋掉的行為。有人說是「借雞生蛋」式的「無本生意投資術」。只要不賠價差，過程中不必先預付任何本錢。 |
| 5 | 股期當沖<br>成本更低 | 股票作空時有融券和當日沖銷限制；而期貨可當日沖銷，作空與作多都很方便，不受現股數量的限制。詳細說明可讀拙著《100 張圖搞懂股票期貨》（財經傳訊出版社出版）。 |

（製表：方天龍）

# 02 做當沖的基本條件

重點提問：當沖是當日沖銷。那麼，要做當沖必須有什麼條件呢？
　　　　　資金不多，可以做嗎？

　　台股的股市新手，都是從「現股」開始買賣股票的。後來為了擴大槓桿、增加獲利，很多人慢慢取得了信用交易的資格，也就是進行「資券交易」。2016 年 11 月 21 日起，官方才祭出「現股當沖」的政策，讓金融操作更形多元化。資金不多的投資人，一樣可以透過「資券交易」或「現股當沖」去操作。至於信用交易額度的等級，過去分為七級或十級，各家券商都不一樣，所以圖 2-1 僅供參考而已。

## 沒有財力證明，仍有 50 萬額度當沖

　　不過，做當沖即使沒有財力證明，只要合乎以下三個條件，基本上就有 50 萬的額度可以使用：

　　❶年滿 20 歲、開戶超過 3 個月。❷最近 1 年內交易滿 10 筆；累積成交金額達到所申請融資額度的 2 分之 1。（例如申請融資額度 250 萬，最近 1 年累積的成交金額必須達到 125 萬以上。）❸一年內成交金額超過 25 萬。

　　信用戶的有效期限為 3 年，每 3 年要重新辦理申請手續。

表 2-1　融資融券使用額度參考表

| 信用等級 | 融資額度 | 融券額度 | 交易紀錄 | 財力證明 |
|---|---|---|---|---|
| 第 B 級 | 50 萬 | 50 萬 | 25 萬 | 不必<br>財力證明 |
| 第 A 級 | 100 萬 | 100 萬 | 50 萬 | 30 萬 |
| 第一級 | 250 萬 | 250 萬 | 125 萬 | 75 萬 |
| 第二級 | 500 萬 | 500 萬 | 250 萬 | 150 萬 |
| 第三級 | 1,000 萬 | 1,000 萬 | 500 萬 | 300 萬 |
| 第四級 | 1,500 萬 | 1,500 萬 | 750 萬 | 450 萬 |
| 第五級 | 2,000 萬 | 2,000 萬 | 1,000 萬 | 600 萬 |
| 第六級 | 2,500 萬 | 2,000 萬 | 1,250 萬 | 750 萬 |
| 第七級 | 3,000 萬 | 2,000 萬 | 1,500 萬 | 900 萬 |
| 第八級 | 4,000 萬 | 3,000 萬 | 2,000 萬 | 1,200 萬 |
| 第九級 | 5,000 萬 | 3,000 萬 | 2,500 萬 | 1,500 萬 |
| 第十級 | 6,000 萬 | 4,000 萬 | 3,000 萬 | 1,800 萬 |

（製表：方天龍）

# 03 資券當沖和現股當沖，有什麼差異？

重點提問：現股當沖和資券交易（信用交易）有類似的功能，但它也並非漫無節制。是嗎？

　　資券交易，行之已久。買一檔股票的融資自備款，大約是 4 成或 5 成；融券大約是 9 成。所以，如果你的資金只有 20 萬元，就相當於可以買到 50 萬元的股票。這對資金偏少的人來說，助益甚大。

　　那麼既然現在已有「現股當沖」，為什麼還需要融資、融券呢？──因為做波段操作的人仍有需要，萬一緊急情況，也可以「鎖單」操作或當天就把它軋掉，非常靈活。

## 現股當沖，在下單時要記得勾選

　　現股當沖，分為兩種操作方式：❶「先買後賣」：股票當天先行低價買進，然後伺機高價賣出，沖掉。❷「先賣後買」：股票當天先行高價賣出，然後收盤前再買回，沖掉。

　　以上這兩種方式，現股當沖和資券當沖（信用當沖）是相同的模式，只是在使用時必須在下單時勾選「現股當沖」。同時，要注意的是：❶並不是所有的股票都可以現股當沖。❷有些股票只能做「先買後賣」的現股當沖，不能「先賣後買」。請注意官方的網站訊息。

圖 3-1　　資券當沖和現股當沖的交易方式

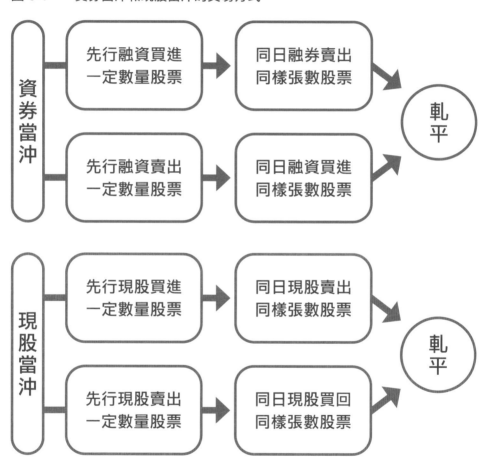

（製圖：方天龍）

# 04 現股當沖和資券當沖，可以互換改變嗎？

重點提問：只要做多或做空的方向相同，「信用當沖」和「現股當沖」是可以變通改變的。是嗎？

「現股當沖」臨時改為融資留倉，是可以的，但必須透過營業員幫忙：

❶原本做現股當沖，當現股買進以後，覺得這檔股票次日還可能再漲、有意留倉時，可請營業員幫你改為融資買進。這樣可以減少付出的成本。

❷原本做融資買進，也可以臨時請營業員幫你改為「現股買進」，或用「現股當沖」把它沖掉。

❸為什麼必須方向相同呢？因為不論是「現股買進」或「融資買進」，都不能請營業員幫你改為「融資賣出」或「現股賣出」。因為如果做多、做空的方向可以隨意改變，就沒有「輸家」這個名詞了！

## 盤前，先查詢某檔股票的資券和現沖資訊

股市行家多半會在盤前先查詢某檔股票有沒有資券（有時會被別有用心的主力搶光），才進行當沖。知道股票有沒有資券，在「信用當沖」和「現股當沖」之間的轉移比較方便。資金比較少的散戶特別必須注意，不要毫無實力就妄想大進大出，賠錢可就不好玩了！

**表 4-1　現股當沖、資券當沖的差異**

|  | 現股當沖 | 資券當沖（信用當沖） |
|---|---|---|
| 開始日期 | 2014 年 1 月 6 日 | 1994 年 1 月 |
| 開戶條件 | 股票開戶滿 3 個月，最近 1 年成交 10 筆 | 股票開戶滿 3 個月，最近 1 年成交 10 筆、買賣金額 25 萬元以上 |
| 開戶程序 | 簽署「概括授權同意書」與「風險預告書」即可 | 提供財力證明等文件，向券商申請開立信用交易戶 |
| 交易方式 | 先買後賣、先賣後買 | 先買後賣、先賣後買 |
| 交易額度 | 受託買賣額度，等於當沖額度 | 受託買賣額度，不等於當沖額度 |
| 參與對象 | 三大法人、一般散戶 | 一般散戶。法人不得使用資券交易 |
| 標的範圍 | 從前只有台灣 50、中型 100 及富櫃 50 指數成分股，共 200 檔，現在已經開放更多了。 | 所有可以融資融券的股票，大約有 1,000 多檔。 |
| 交易限制 | 開股東會、強制除權息時，也能當沖。 | 停資、停券期間，無法當沖，且有資券額度上限。 |
| 交易成本 | 手續費、證交稅，成本比資券當沖（信用當沖）低。 | 包括手續費、證交稅、融資利息、借券費。 |
| 證交稅 | 0.15％ | 0.3％ |
| 手續費 | 0.1425％ | 0.1425％ |
| 借券費 | 無 | 各家券商不同，一般為 0.08％ |

（製表：方天龍）

# 05 什麼情況，股票不能「先賣後買」？

重點提問：哪些股票不能當沖或有特殊規定？例如為什麼不能「先賣後買」呢？

　　哪種股票不能當沖？目前當沖的種類大致可以分為三種：❶買賣現沖：代表該檔股票沒有「先買後賣、先賣後買」的交易限制。❷禁現沖：代表該檔股票「不能當沖」，有當沖限制，不管用什麼方式都不允許當天沖銷，通常只有「全額交割股」才會有禁現沖的限制。如果您不注意是否有「禁現沖」這樣的當沖限制，慌慌張張就下單，很可能一不小心就必須留倉了。那您準備了足夠的資金了嗎？

## 股票不能「先賣後買」，多因公司有事

　　除此以外，還有❸先買現沖：代表該檔股票不能先賣後買，大部分被限制只能「先買後賣」的股票多半是公司有事，消息面影響股價較大時才會被列入。請看圖 5-1 的「暫停『先賣後買』當日沖銷查詢表」，這個資料可以上「台灣證券交易所」的網站查詢，網址是：https://www.twse.com.tw/zh/trading/day-trading/twtbau.html （此處以 2023 年 11 月 6 日的資訊為例）。被限制不准「先賣後買」的原因包括：分配收益、除息、現金增資、除權、減資………等等。

## 圖 5-1　暫停「先賣後買」當日沖銷查詢表

### 112年11月06日 暫停先賣後買當日沖銷交易標的預告表

每頁 10 ✕ 筆　　　　　　　　　　　　　　　　　　　　　　更新日期：112/11/03 18:00:20

| 證券代號 | 證券名稱 | 停止先賣後買開始日 | 停止先賣後買結束日 | 原因 |
|---|---|---|---|---|
| 0051 | 元大中型100 | 112/11/13 | 112/11/17 | 分配收益 |
| 0053 | 元大電子 | 112/11/13 | 112/11/17 | 分配收益 |
| 0055 | 元大MSCI金融 | 112/11/13 | 112/11/17 | 分配收益 |
| 006208 | 富邦台50 | 112/11/13 | 112/11/17 | 分配收益 |
| 00690 | 兆豐藍籌30 | 112/11/16 | 112/11/22 | 分配收益 |
| 00692 | 富邦公司治理 | 112/11/13 | 112/11/17 | 分配收益 |
| 00731 | 復華富時高息低波 | 112/11/16 | 112/11/22 | 分配收益 |
| 00771 | 元大US高息特別股 | 112/11/13 | 112/11/17 | 分配收益 |
| 00775B | 新光投等債15+ | 112/11/15 | 112/11/21 | 分配收益 |
| 00850 | 元大臺灣ESG永續 | 112/11/13 | 112/11/17 | 分配收益 |

1　2　3　>

（資料來源：台灣證券交易所）

網址：https://www.twse.com.tw/zh/trading/day-trading/twtbau.html
台灣證券交易所網站首頁→交易資訊→當日沖銷交易標的→暫停先賣後買當日沖銷交易標的預告表

# 06 現股當沖的成本計算

**重點提問：在當沖稅減半的情況下，現股當沖的成本大約是多少呢？多少的價差才能獲利？**

現在做當沖，差不多都是做「現股當沖」了，大可不必再使用「資券當沖」。因為資券當沖，要使用到交易手續費 0.1425％（買賣都收）、證交稅 0.3％、融資手續費 6.5％／年（以日計算）、融券手續費 8％／次（可免收），遠不如「現股當沖」。現股當沖降稅的新措施，在 2017 年 4 月 28 日起跑，辦法是：證交稅率減半為千分之 1.5。比起「資券當沖」划算多了。

## 買進價格×1.003，過價就有錢賺

我們以電子下單手續費一般「5 折」的水準來看，交易手續費×折扣 0.5×2（手續費買賣都收）＋證交稅＝0.1425％×0.5×2＋0.15％＝0.2925％（大約等於 0.3％）。換句話說，現股當沖損益兩平的價格為做多（先買後賣）：買進價格×1.003；做空（先賣後買）：賣出價格×0.997。

至於期貨的當沖，也有「保證金減半」的優惠，但是雖然可以增加資金的使用效率，一旦勾選要做當沖，就無法留倉，同時槓桿就變得更大了，操作不善的新手將會有更大的壓力。

表 6-1 當沖的基本成本支出

| | 現股當沖 | 資券當沖 |
|---|---|---|
| 交易策略 | 作多：現股買進＋現股賣出 | 作多：資買＋券賣 |
| | 作空：沖賣賣出＋現股買進 | 作空：券賣＋資買 |
| 手續費 | 0.1425％ | 0.1425％ |
| 證交稅 | 0.15％（當沖稅減半，到 2024 年底為止） | |
| 借券費 | 無 | 各券商多不同，一般借券利率約 0.02％至 1％，有些券商借券費用為 0 元 |

（製表：方天龍）

圖 6-1 期貨的當沖成本低，如果掌握訣竅，獲利也很快。

（圖片來源：方天龍的交易成交單）

# 07 當沖的最小跳動單位（Tick／檔）

重點提問：股市如階梯，Tick 就是一層一層的階梯，那麼最小的跳動
單位是什麼呢？

　　股市的所謂「打 Tick」，意即在股價一檔一檔的（一層一層的）
爬上或爬下，也就是在跳動的階梯中遊走。在損益兩平的計算之後，
稍有利潤就把當沖獲利了結的人，被稱為「打 Tick」的高手。這樣的
人，本質上就是操作「極短線」的股民。

## 10、100 元價位的當沖，比較容易獲利

　　依現行制度來看，凡股價在現價 10 元以內，它的「升降單位」就
是 0.01 元；10 元至 50 元的升降單位，就是 0.05 元；50 元至 100 元
的升降單位，為 0.1 元；100 至 500 元的升降單位則為 0.5 元；500 至
1,000 元的升降單位則為 1 元；1,000 元以上為 5 元。

　　根據高手的經驗值：❶一般以 10 元、100 元，是屬於比較好做的
標的，因獲利必須跳動的檔數較少。❷也有人認為 50 至 100 元的標的
是比較好沖的。❸然而，通常在接近 100 元時，由於有百元的心理關
卡，反而不容易成功。❹100 元以上的標的，常常在頻率和速度上是
比較快的，有時比較好沖。

### 表 7-1　損益兩平和最小跳動單位參考表

| 股價 | 損益兩平 | 交易成本 | 最小跳動單位 | 檔位 |
|---|---|---|---|---|
| 5 | 5.02 | 0.02 | 0.01 | 3 |
| 10 | 10.04 | 0.04 | 0.05 | 1 |
| 15 | 15.07 | 0.07 | 0.05 | 1 |
| 20 | 20.09 | 0.09 | 0.05 | 2 |
| 25 | 25.11 | 0.11 | 0.05 | 3 |
| 30 | 30.13 | 0.13 | 0.05 | 3 |
| 40 | 40.18 | 0.18 | 0.05 | 4 |
| 45 | 45.20 | 0.20 | 0.05 | 4 |
| 50 | 50.22 | 0.22 | 0.1 | 3 |
| 60 | 60.27 | 0.27 | 0.1 | 3 |
| 70 | 70.31 | 0.31 | 0.1 | 4 |
| 80 | 80.35 | 0.35 | 0.1 | 4 |
| 90 | 90.40 | 0.40 | 0.1 | 4 |
| 100 | 100.44 | 0.44 | 0.5 | 1 |
| 150 | 150.66 | 0.66 | 0.5 | 2 |
| 200 | 200.89 | 0.89 | 0.5 | 2 |
| 300 | 301.33 | 1.33 | 0.5 | 3 |
| 400 | 401.77 | 1.77 | 0.5 | 4 |
| 500 | 502.21 | 2.21 | 1 | 3 |
| 1,000 | 1,004.43 | 4.43 | 1 | 5 |
| 2,000 | 2,008.85 | 8.85 | 5 | 2 |
| 3,000 | 3,013.28 | 13.27 | 5 | 3 |
| 4,000 | 4,017.70 | 17.70 | | |
| 5,000 | 5,022.13 | 22.13 | | |

（製表：方天龍）

# 08 當沖的特性

**重點提問：當日沖銷有什麼特性呢？**

一、當沖沒有犯錯的空間：進出場都必須非常精確。對台股來說，當沖就只能在 4 個半小時之內決勝負。為了避免犯錯，不妨多「試單」，最好採用金字塔的方式分批買賣，這樣比較不易造成遺憾！

二、當沖很可能因小失大：見圖 8-1，某一天你做當沖，結果賠錢失利，可是後來股價的發展卻仍繼續往高點邁進。那麼，你那天的當沖認賠，顯然是不智的。

## 只緣身在此山中，不識當沖真面目

三、無法完成當沖的對策：有時因漲、跌停板的關係，導致無法完成沖銷，其實，方法仍多，例如❶改用現股方式買進（留倉），但要補足金額。❷請營業員改為融資買進，成本只要40％或50％。❸向券商申請款項借貸，並支付利息。❹向親友緊急借貸。

四、做多或做空都能獲利：檢討當沖常容易後悔，例如圖 8-2，你可能在前半段「先買後賣」勉強全身而退，卻心驚膽跳，後來檢討才發現，其實在後半段才出手「先賣後買」當沖，可能較輕鬆。

圖 8-1　當沖的功過得失，很難一言而盡。

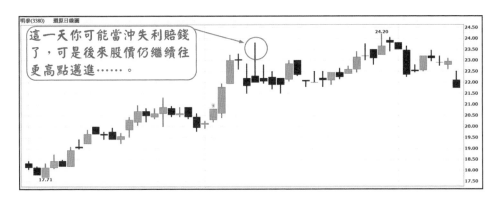

（資料來源：XQ 全球贏家）

圖 8-2　在盤中，當沖常常有如霧裡看花，事後才恍然大悟。

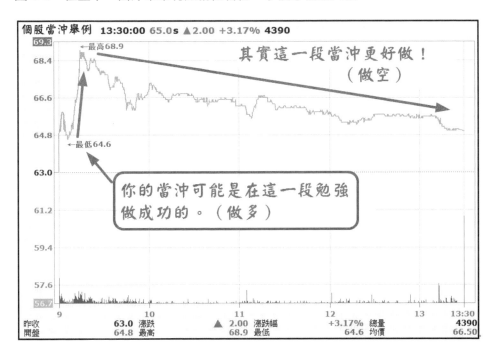

（資料來源：XQ 全球贏家）

# 當沖的成功條件

重點提問：俗語說：「成功是給做好準備的人」，那麼，當沖的成功
條件如何準備？

一、現金準備越多越有利：「投資比例要低」，是重要的贏家經
驗。窮人常常因為賺錢的心太急，且只有一套資金，投入之後就沒有
轉圜機會，被套又捨不得停損，因而周而復始的淪於失敗的宿命。

二、當沖的設備越好越有利：能使用電腦看盤是最好的，螢幕多
可以同時參照多個不同功能的頁面去思考並做決策。使用手機看盤，
總是不夠專業，成功率也必然較差。

## 專心、果決，盤中要有良好的執行力

此外，還需要：三、操盤時要專心。四、要有盤前準備的功夫
（尤其前一天對選定的清單應作基本面、籌碼面的研究）。五、要有
盤中應變的技術：當沖操作的技巧，不是幾句話就能說清楚的。平時
就要用功學習技巧（尤其是技術面的觀察和判斷），盤中多空判斷、
選股操作，才會得心應手。

此外，要有智慧的選股軟體，然後在盤中要有果決的執行力，不
要優柔寡斷、舉棋不定。不僅盤前、盤中都要查明個股的資訊才出
手。盤後，更要不斷檢討勝敗原因。最好每天都寫「交易日誌」。

圖 9-1　操盤室的設備要儘可能地充實。

（資料來源：方天龍私人操盤室）

# 10 當沖最重要的經驗傳承

**重點提問：以您上萬次的當沖操作經驗，最重要的實戰教訓是什麼？**

首先，不要拘泥於做多或做空。因為做多或做空都能獲利。最重要的是「多頭時期不放空，空頭時期不做多」。否則將會是逆水行舟，吃力不討好！

股海淘金，一般人都容易陷入兩種迷思，其一就是「賠錢了，對股市敬而遠之」；其二就是「賺錢了，對風險視而不見」。然而，做當沖就很單純，非贏即輸，不必想得那麼多。

## 做錯加碼攤平，很可能賠得更多

長期的當沖會訓練你變得比較理智。操盤如下棋，需要冷靜理性、不慌不忙的態度，盤中不可任意改變心意。尤其在該不該「留倉」方面。正確的抉擇是當沖就當沖，不要留倉。即使要留倉，也是「做對加碼」式的擴大獲利，而非「做錯攤平」式的抱殘守缺。華爾街名言：「不論牛市（多頭）、熊市（空頭），都能賺錢，只有豬被宰！」股市當沖則把這個概念縮小到一日之內，不論當天大盤好不好，都能依氣氛做多或做空，只有不會變通的傻瓜被砍！

表 10-1　做對可以加碼，做錯不能攤平。

|   | 買進後 | 操作策略 | 效果 |
|---|---|---|---|
| 1 | 做對 | 可以往上加碼 | 當沖方向做對，加碼有助擴大獲利。 |
| 2 | 做錯 | 不可往下加碼 | 當沖的方向錯誤，很可能賠得更多。 |

（製表：方天龍）

圖 10-1　以「圓剛」為例，第一筆買錯。再往下攤平，很可能「死在半山腰」。

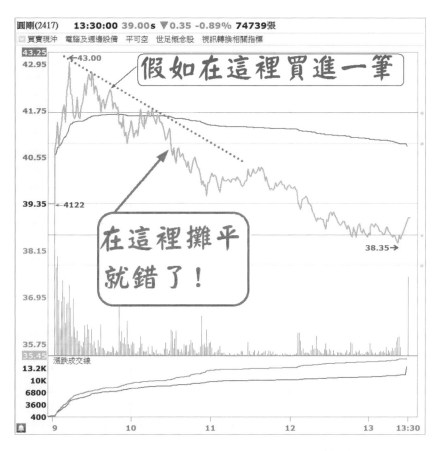

（資料來源：**XQ** 全球贏家）

# 11 方向不對，努力白費！

重點提問：老師常說「方向不對，努力白費！」那做股票如何做對方
向呢？

　　當沖最重要的是做對方向。我們雖然沒有螞蟻、蜜蜂、鴿子和鮭
魚那樣與生俱來的辨識方向的本能，但是卻可以透過練習與判斷，比
其他不用功的投資人有更好的辨識盤面變化的能力，這種「盤感」是
可以訓練出來的。否則，馬戲團藝人、特技演員、極限運動的選手，
他們是如何完成凡人做不到的事？只要您肯用功研究、累積經驗，就
會慢慢做對方向。

## 跟進主力，因為他是影響走勢的人

　　方向是由誰決定的？不是我們，而是力量最大的人，那就是主
力。他的財力大、籌碼雄厚，要股票有股票，要現金有現金，惟其如
此，才能引導盤面的方向，讓「有識者」跟進，而且是「順我者昌，
逆我者亡」，絲毫不講情面。幾十年來的台股，真正面臨「螞蟻搬
象」的機會並不大！所以，散戶只有「跟著大戶走，行情才會有」。
殘酷的事實是，散戶只是一個「選邊站」的角色。從多空兩方的主力
去分辨，何者的力量強，然後「跟而從之」。接下來，才有可能在主
力吃肉的時候，咱們喝湯。

圖 11-1　股價的發展方向要看對，才有辦法當沖獲利。

（資料來源：**XQ** 全球贏家）

圖 11-2　做當沖方向不對，萬一跌停可能賣不掉。

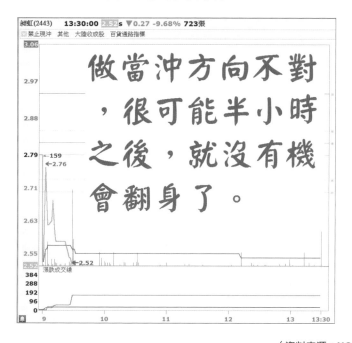

（資料來源：**XQ** 全球贏家）

# 12 什麼是對敲？
# 什麼是假單？

重點提問：「對敲」是什麼意思呢？在當沖時有什麼影響力，如何判斷呢？

　　對敲也稱為「相對委託」或「合謀」，意思是指有人意圖影響證券市場行情，與他人通謀，雙方分別扮演賣方和買方角色，各自按照約定的交易券種、價格、數量，向相同或不同的證券經紀商發出交易委託指令並達成交易的行為，也就是同一價位一買一賣。這所謂「與他人合謀」，也可能是同一人，或同一夥人。事實上，這就是「假單」，因為如此買賣方式根本把「買力」或「賣力」抵消了。

## 觀察股價的變化，可知主力的心態

　　主力很可能在多家券商同時開戶，利用多個帳號同時買進或賣出，故意將股價抬高或壓低，以便從中獲益。很多的大成交量，多半是主力刻意對敲所為，也許是為了掩護出貨，或創造「量能」。

　　其實，我們從圖 12-1 的「泡沫圖」，即可窺見是什麼「分點」大戶所為。當然，有時主力「對敲」主要是「造量」以便創造自己從券商那兒可拿回的「折讓款」（俗稱退佣）。判斷主力有無買進或賣出的方法，就是觀察後來的「交易明細」以及股價是漲上去，還是跌下來，立刻真相大白！

## 圖 12-1 　分點大戶經常同一價位有買有賣，形同「對敲」。

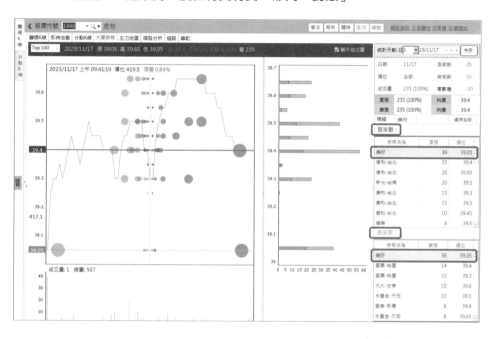

（資料來源：籌碼 K 線）

# 13 順勢而為好呢？還是逆向操作好？

重點提問：有時順勢而為比較容易賺，可是有時反市場操作卻比較有
利，到底何者正確？

　　當沖，應該順勢而為呢？還是逆向操作？長久以來，這一直是難
以下定論的股市話題。著名經濟學家凱恩斯在選股技巧上有一個膾炙
人口的比喻：「選股如選美。」

　　用比較淺白的意思來解說，凱恩斯就是認為，股票遊戲就好比當
紙上選美的評審一般，你必須由上百張照片中挑出三張最漂亮的面
孔，並且能選出最接近全體評審的看法，就是贏家。

## 順勢還是逆勢，由市場多空決定

　　凱恩斯以英國當時流行的報刊美嬰有獎評選為例，來說明選股為
什麼必須克服自己的偏好。在這種評選中，只有把選票投給最終得票
最多的嬰兒才能得獎。因此，選美者個人對美醜的判斷標準並不重
要，個人的看法不能作為自己投票的依據，投票者能否得獎的關鍵，
是要了解社會大眾對嬰兒美醜的看法，這樣才能使自己的選擇與票數
最多的選擇保持一致。因此，從價格的角度區分，操作策略可以分為
「順勢操作」和「逆勢操作」，我們仍然需要看是多頭市場，還是空
頭市場來決定。

表 13-1 順勢操作與逆向操作的差異

| 類別 | 意涵 | 舉例說明 | 優點 | 缺點 |
|---|---|---|---|---|
| 順勢操作<br>（Trend<br>Following） | 指的是投資者認為發現市場上明確展現的趨勢並跟隨操作，可以獲取利潤。 | 例如在股價漲勢中傾向買入，下跌中傾向於賣出。投資原則強調「趨勢是你的朋友」。 | 不會錯失明顯的市場趨勢。 | 容易追在高點或殺在低點。 |
| 逆勢操作<br>（Contrarian<br>Investing） | 指的是投資者預期趨勢將反轉，並認為建立與之相反的部位，並能從中獲利。 | 例如在股價上漲時賣出或放空，在股價下跌時買進或回補空單。投資原則強調「抄底摸頭」。 | 可以在市場極端反轉時掌握反彈機會。 | 需要承擔時機判斷和原有趨勢延續的風險。 |

（製表：方天龍）

# 14 逆向操作，有時也是順勢思維！

重點提問：巴菲特說「別人恐懼，你要貪婪；別人貪婪，你要恐懼。」
　　　　　這是逆勢思考？

　　在做當沖時，若是熊市，此刻的反彈可能下一分鐘就準備下跌；牛市中，此刻的下跌是為接下來進一步的上漲。前者是跌太多、太急，後者是漲太快、太多。兩者都處於不可逆轉的趨勢，屬於短暫現象。空頭市場，萬股齊跌，應該拋出所有的股票，而非在其中千挑萬選去找黑馬股。所以，基於「贏家是屬於少數人的事」，逆向操作的勝算反而較大。

## 與趨勢為友，與情緒為敵

　　但是，大樹要枝葉茂盛，必須有樹根、樹幹提供養分；個股要大漲，當然也要利用行情走多的時候，機會更大。行情走多，代表大部分資金站在多方，多頭只要稍一使勁，價格就上去了；相反的，行情走空，代表大部分資金站在空方或已經撤離，如果這時個股做多，不啻逆水行舟，很容易成為「槍打出頭鳥」的標靶，陣亡的機率很大。基於股市制勝的法則，是「與趨勢為友、與情緒為敵」，所以要順勢而為。投資股票的順序應該是：先抓「買氣」、確定趨勢，然後順勢操作。

**表 14-1　有關「逆向思考」的智慧語錄**

| 智慧語錄 | 內容 |
|---|---|
| 《史記》〈貨殖列傳〉陶朱公名言 | 「貴出如糞土，賤取如珠玉」，這就是逆向思考。<br>意指貨物貴時，要把它看作是低賤之物，毫不留戀大量賣出；貨物便宜時，要視如珍寶珠玉，儘可能地大量買進。這時，就是一種逆勢操作。<br>股票也是如此，低價時往往要搶著買，高價時要捨得賣。 |
| 股神巴菲特（Warren Buffett） | 「當別人恐懼時你要貪婪，當別人貪婪時你要恐懼。」<br>每逢天災人禍而出現非理性下殺時，往往都是波段最佳買點。 |
| 投資大師約翰‧坦伯頓（John Templeton） | 「趁別人垂頭喪氣賣出時買進，趁別人貪得無厭大買時賣出，這需要極強的意志，卻終有極大的報酬。」 |
| 彼得‧林區（Peter Lynch） | 「雞尾酒會理論」是說多頭行情有四個階段：❶賓客不理他（股市跌得差不多了）❷賓客開始和他聊幾句股票（股市醞釀反彈）❸賓客紛紛向他要明牌（股市高點已到）❹賓客主動向他報明牌（股市即將下跌）。 |
| 利多出盡是利空，利空出盡是利多。 | 當股市因為伊波拉病毒而出現非理性下殺時，反而是應該要冷靜思考並積極尋找錯殺好股的時刻。 |

（整理：方天龍）

# 15 不要為了當沖而當沖，要靈活運用當沖

重點提問：怎麼做才能分清上下車時機，才算是真正地順勢操作？

《亞當理論》是講順勢操作講得最好的一本書。該書說：交易者就像流浪漢，假如堪薩斯市有一位流浪漢要搭火車到西岸。那他會不會搭上往東到紐約或佛羅里達的火車，卻又希望它回頭？當然不會。他一定得搭上往西的火車。這位流浪漢要怎樣才能知道火車是往西開？很顯然的，火車剛開動時，他最能確定。所以，他會等到火車剛開始往西駛離月台時，才跳上車。

## 亞當理論不教你當沖，只教你思維

換句話說，流浪漢只要順流而下，順從顯而易見的事物、隨勢浮沉，而不必做無謂的對抗。很簡單，是吧？沒錯，韋爾斯·威爾德（Welles Wilder）大師說的就是這麼簡單，記住他的名言，就懂得當沖的真諦：

「市場就要動了的最好證據，就是它已經開始動了。

市場正要上漲的最好證據，就是它已經開始上漲了。

市場正要下跌的最好證據，就是它已經開始下跌了。」

圖 15-1　當個股突破「股票箱」之後，當沖就要以做多為思考方向。

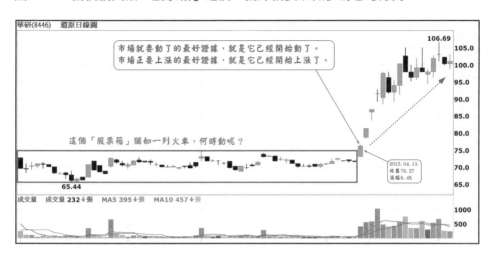

（資料來源：XQ 全球贏家）

圖 15-2　跌破頸線，就要做「先賣後買」的當沖，這就是順勢操作。

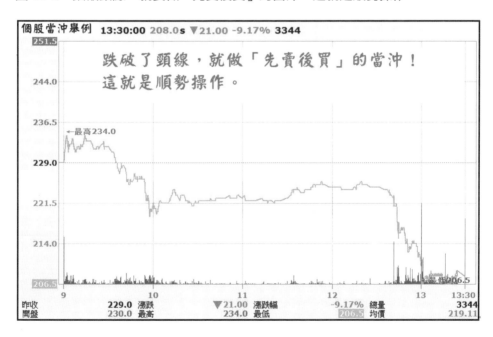

（資料來源：XQ 全球贏家）

# PART

# 2

# 各種當沖
# 面面觀

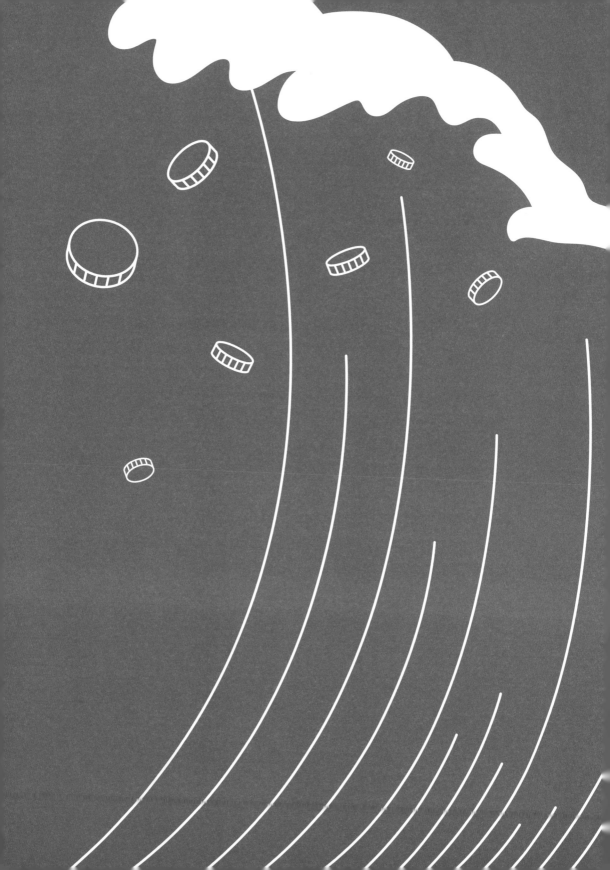

# 16 當沖若失敗，要嚴格執行停損點

重點提問：新手當沖失敗都喜歡凹單，偏偏天不從人願，股價和預期相背而行時，怎麼辦？

你做多，股價卻沒滿足你的期望值，事小；最怕的是第二天很可能繼續不順你的意、繼續下跌。所以凹單可能損失更重。但是，如果投資邏輯正確的強勢股，即使連跌兩天，接下來的股價仍將還你公道。如何決定、要不要停損，是一個判斷功力的問題，並沒有絕對的答案。請見圖 16-1，「先進光」（3362）在跌破前低時，還可以繼續持有、等待解套嗎？

## 小跌可等等再賣，大跌要立刻停損

碰到這種情況，最好先設定停損點。股價來到❶時，雖然已經背離技術分析的原理了，仍不妨「留校查看」一下，來到❷時，如果一直走得平穩，就可以試買 1、2 張。最後來到❸的收盤價，已離❶或❷有 1.8％獲利了。但如果買進之後，卻繼續跌下來，怎麼辦？那就要在跌破開盤價時停損，更糟的是殺到平盤才賣出，因為這樣的走勢已明顯不對了。不要不信邪，筆者曾見過，有些股票從漲停殺到跌停都有可能。所以，為了避險，自當嚴格執行停損點，以免擴大損失。

圖 16-1　停損的概念舉隅，以「先進光」（3362）為例。

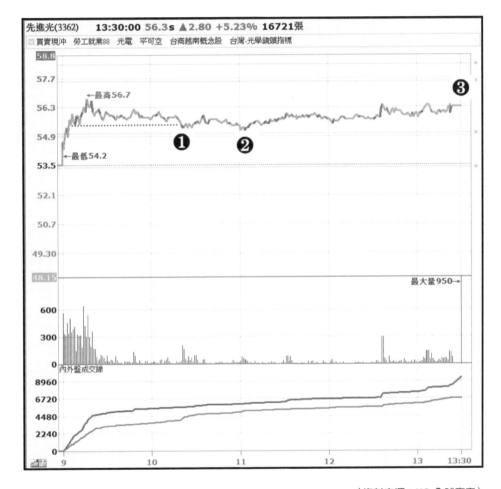

（資料來源：XQ 全球贏家）

# 17 手上有現金才作多；手上有股票才放空

**重點提問：曾經讀過老師的舊書說過「手上有現金才作多；手上有股票才放空」，有何意義？**

當沖是一種速戰速決的戰爭。除了平時要有充分準備之外，臨場的操作一定要靈活。怎麼操作才靈活呢？子彈要多！「當你準備做多時，手上要有現金」。現金越多越好。這不是指你的總財產，而是「萬一做當沖失敗時能夠辦理交割的財力」。有足夠的資金，才不會在進行當沖時有「後顧之憂」。其實，投資股票就好像上戰場一樣，再怎麼厲害的戰將都恨不得有比敵人更多的「子彈」。

## 手上有股票待命，放空就比較安心

至於為什麼「手上先有股票，再談放空」？因為如果盤開太高、賣壓湧至時，你賭它會開高走低，於是搶先放空，萬一失敗呢？就用你手上的股票（以前買的，價格很低）還券即可。這樣就不會賠錢！

所以我認為一手有錢、一手有股票，那就「進可攻、退可守」，這是比較高明的做法。所以，永遠要保有低價買進的持股，同時不要用全部的持股張數做當沖，只宜局部使用。能夠這樣，在做當沖的「先賣後買」時，才會居於優勢地位。

圖 17-1 手上有股票時,就有膽量在開盤後的高點,先行放空,而不怕被軋到漲停板。

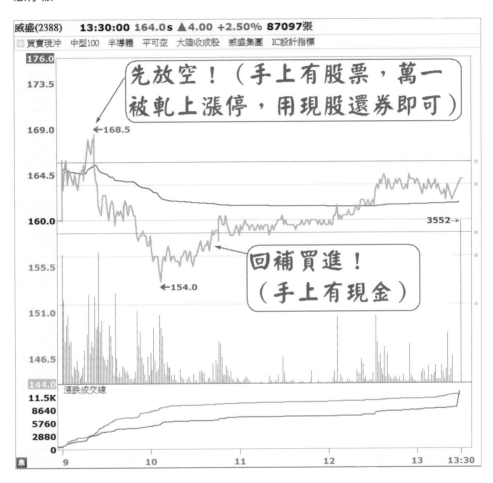

（資料來源：XQ 全球贏家）

# 18 做當沖，永遠不要相信「試撮」的價格！

重點提問：「試撮」的訊息，為什麼總是和開盤後迥不相同呢？

　　「試撮」又叫做「試搓」，比較正式的名稱則是「模擬撮合」或「模擬試撮」。台股的開盤時間為 9:00 至 13:30，但接受委託的時間卻是 8:30 至 13:30，因此在台股開盤前，也就是真正成交前，任何人都可以掛買賣單。這些交易單也會撮合出最新的股價，只是並不會成交，因此被稱為「試撮」。證交所從 2023 年 3 月 20 日起，在開盤前 1 分鐘取消及變更買賣申報數量達開市前買賣申報數量的 30% 以上的股票，予以「暫緩開盤」，就是防止主力掛假單、影響投資人判斷。

## 可以參考股期表現，就不會被蒙蔽真相

　　不過，實施至今，試撮和正式開盤後的表現，經常不同。以 2023 年 11 月 27 日「宏捷科」為例，試撮漲停，收盤卻跌停。同一檔股票，次日試撮一樣漲停，收盤卻只小漲 1.59%。可見「試撮」的訊息，幾乎毫無參考價值。這裡提供一個祕訣：不妨參考一下「股票期貨」（上午 8 時 45 分開盤）的成交情況，那個行情表現就比較真實了，交易通常比較冷靜，不會虛假掛單，絕對很值得參考。

圖 18-1　以 2023 年 11 月 27 日「宏捷科」（8086）為例，試撮漲停，收盤卻跌停。

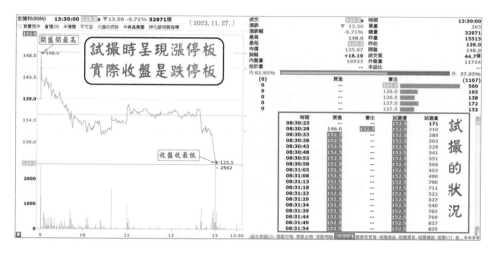

（資料來源：XQ 全球贏家）

圖 18-2　以 2023 年 11 月 28 日「宏捷科」（8086）為例，試撮漲停，收盤卻只小漲 1.59%。

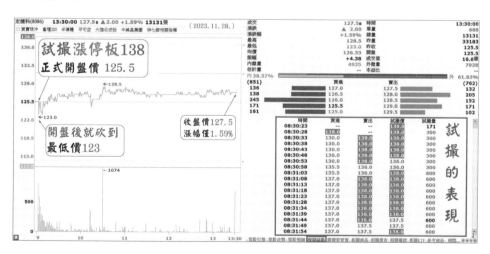

（資料來源：XQ 全球贏家）

# 19 當沖的盤前準備，要看什麼資訊？

**重點提問：老師每天盤前都在「天龍特攻隊」免費群組張貼兩個資料，是什麼意義呢？**

股票操作，是賭高機率，而不是賭運氣。所謂「成功是給準備好的人」、「凡事豫則立，不豫則廢」，所以盤前至少應對當前的全球股市訊息有所了解。我每天在群組裡分享的資訊，只是給群友方便而已，其實類似的資訊，以及新聞訊息，在各證券商和網站都很容易取得。我天天貼出最新訊息，只是在提醒大家要在開盤前，就應有準備而胸有成竹、信心滿滿。

## 美股和台指期夜盤訊息，是最基本的常識

目前看來，美股是對台灣影響最大的股市訊息。其中最具代表性的就是道瓊工業、那斯達克、標普 S&P 500、費城半導體等四大指數。台股的「夜盤」，我們不一定要參與，但一定要看一下，因為它是早上五時才結束的，和早上台股的開盤時間很近，甚至比昨天的行情更具有銜接性。台股夜盤走勢常跟著美股起伏，一旦美股大跌，台股夜盤通常跟著下挫，也能預期次日早盤有高機率向下，所以台股夜盤常會影響到日盤走勢，不能不有點概念。

圖 19-1 美股的四大指數（2023 年 11 月 29 日）。

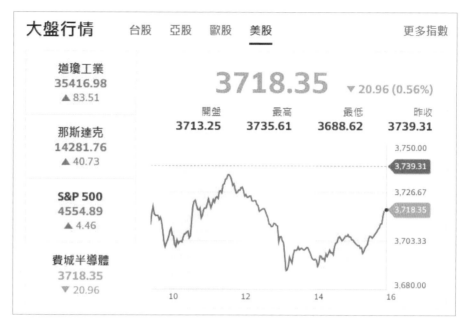

（資料來源：Yahoo 奇摩股市）

圖 19-2 台股的夜盤表現（2023 年 11 月 29 日）。

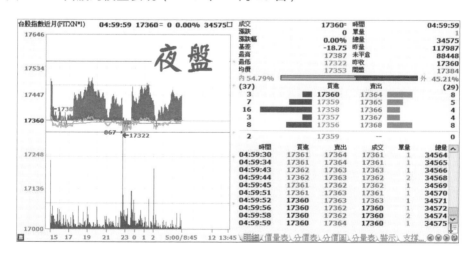

（資料來源：XQ 全球贏家）

# 20 當沖的 4 個基本步驟

**重點提問：當沖通常該從哪裡尋找標的呢？它有什麼基本的路數或門道？**

　　當沖的第一個基本路數，就是要找個股「成交值」大的個股。這已經是不爭的事實。量大才有得沖；沒量，等於沒資金動能。因此，每天開盤前，都要找出成交值大的標的（至少 10 億以上），才能入選為當沖的標的。所謂「熱門當沖股」，基本上要有振幅，所以「當沖比率」高的才是眾望所歸的首選。像圖 20-1，當沖比率前 12 名的個股，幾乎都是「當沖比率」高達 60 幾％以上的個股。

## 注意期指轉變方向，向上作多，向下作空

　　再看圖 20-2，以 2023 年 11 月 29 日為例，當沖損益最佳的前 12 名排行，都是當沖客做「對的」當沖。它容易有慣性，也值得注意。我們不是作手，無法知道某支股票下一分鐘會漲還是跌，但是，有一種好工具，幫上散戶大忙，就是期貨指數。見到期指轉變方向，向上就作多，向下就作空，還需要多練習，看每日盤勢多加體會。此外，大盤看期指方向，個股還要看買賣上下 5 檔與即時成交價位。當個股行情趨勢方向一轉變，就要立刻結清部位出場，不可戀棧。

**圖 20-1　當沖熱門股當沖比率最高的前 12 名排行（以 2024.1.2.為例）。**

| 趨勢 | 股票代號 | 股票名稱 | 現股當沖比率 | 20240102 當沖成交量 | 20240102 成交量 | 20240102 收盤價 | 20240102 漲跌 | 20240102 漲幅(%) |
|---|---|---|---|---|---|---|---|---|
| ～ | 6117 | 迎廣 | 74.9 | 4,035 | 5,390 | 77.2 | 0.5 | 0.65 |
| ～ | 1519 | 華城 | 73.3 | 15,193 | 20,718 | 342 | 15 | 4.59 |
| ～ | 2722 | 夏都 | 73.3 | 2,262 | 3,087 | 64 | 1 | 1.59 |
| ～ | 1416 | 廣豐 | 72.5 | 2,040 | 2,815 | 11.95 | 0.2 | 1.7 |
| ～ | 1503 | 士電 | 72.2 | 10,151 | 14,052 | 119 | 0.5 | 0.42 |
| ～ | 5521 | 工信 | 67.1 | 64,567 | 96,282 | 15.3 | 0.6 | 4.08 |
| ～ | 6756 | 威鋒電子 | 66 | 3,280 | 4,966 | 285.5 | 10.5 | 3.82 |
| ～ | 6695 | 芯鼎 | 65.4 | 9,286 | 14,200 | 78.2 | 5.5 | 7.57 |
| ～ | 1529 | 樂事綠能 | 64.6 | 1,304 | 2,020 | 32.8 | 0.2 | 0.61 |
| ～ | 1733 | 五鼎 | 63.8 | 5,463 | 8,564 | 41.2 | 0.9 | 2.23 |
| ～ | 1514 | 亞力 | 63.7 | 16,819 | 26,400 | 77.7 | 2.6 | 3.46 |
| ～ | 2609 | 陽明 | 63.1 | 104,712 | 166,027 | 53 | 1.7 | 3.31 |

（資料來源：籌碼 K 線）

**圖 20-2　當沖損益最佳的前 12 名排行（以 2023.11.29.為例）**

| 趨勢 | 股票代號 | 股票名稱 | 當沖損益(萬) | 當沖買進(萬) | 當沖賣出(萬) |
|---|---|---|---|---|---|
| ～ | 2618 | 長榮航 | 2,018 | 215,727 | 217,745 |
| ～ | 2376 | 技嘉 | 1,385 | 355,483 | 356,868 |
| ～ | 2486 | 一詮 | 1,323 | 212,230 | 213,553 |
| ～ | 8210 | 勤誠 | 920 | 132,338 | 133,258 |
| ～ | 3661 | 世芯-KY | 643 | 617,942 | 618,585 |
| ～ | 2382 | 廣達 | 629 | 276,946 | 277,575 |
| ～ | 1519 | 華城 | 627 | 513,049 | 513,676 |
| ～ | 2388 | 威盛 | 590 | 149,121 | 149,711 |
| ～ | 3008 | 大立光 | 526 | 98,652 | 99,178 |
| ～ | 2353 | 宏碁 | 485 | 311,715 | 312,200 |
| ～ | 3035 | 智原 | 432 | 165,615 | 166,047 |
| ～ | 2324 | 仁寶 | 382 | 117,217 | 117,599 |

（資料來源：籌碼 K 線）

# 21 揭開隔日沖、三日沖、四日沖的神祕面紗

**重點提問：聽説老師在很早期就發現隔日沖大戶的存在，可否告知詳情？**

我必須説一説自己與隔日沖的因緣。自從我離開報社專事寫作後，我用了十年的光陰在研究股票。2006 年有一天我突然發現股市天大的機密——光頭長紅的次日，通常都有更高價！不料，隔日沖大戶卻剛好與我的創意完全相同，不僅如此，他們還已經付諸行動、寫成交易程式了！他們用「大戶交易系統」下單鎖漲停。這一招不就和我説的「光頭長紅的次日，都有更高價」的理念完全一致？

## 三、四日當沖，目的在軋空

經過媒體的推波助瀾，各地大戶紛紛投入這個勝算極大的行列。簡單地説，隔日沖大戶，就是今天買漲停，次日開高就獲利了結的一群大戶手法。但實施已久，大家想出的「次日放空」手法已不靈了，因為大戶也發展出「三日沖」、「四日沖」（軋空意味濃），讓散戶無從捉摸。所以這一招已經進階了。有些大戶甚至次日平盤就下殺，專門修理吃豆腐的股民。所以，散戶要想「利用」二、三、四日沖大戶來做當沖，必須能摸得準主力的心態。他們做多、做空，詭譎多變。不是高手，切莫一試！

**圖 21-1　隔日沖大戶的 2 日沖和 3 日沖示意圖。**

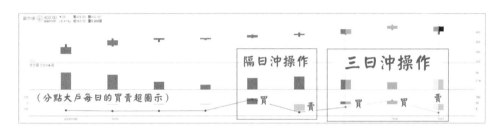

（資料來源：XQ 全球贏家）

**圖 21-2　隔日沖大戶的 4 日沖示意圖。**

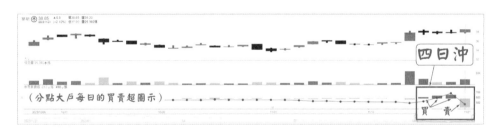

（資料來源：XQ 全球贏家）

# 22 「光頭長紅」線型的天大機密

**重點提問：**「光頭長紅」是指沒有上影線的長紅吧？如何利用短線大戶的資金做當沖？

　　「隔日沖大戶」的投資行為，股市新手可能不容易理解。然而，隔日沖大戶精心設計的賺錢妙招，卻令懂的人嘆為觀止！「光頭長紅」是大戶刻意選擇線型最美、最容易引起追漲的日子，用大資金拉上漲停板，然後再以上千或上萬張的掛單（買單）鎖死漲停板，造成「一股難求」的惜售狀態，然後當散戶在次日追價，他們卻出清持股，倒貨給你！被套牢的散戶，肯定會有點受騙的感覺吧？

## 利用大戶資金放空，不見得吃得到豆腐

　　請看圖 22-1，在日線圖❶這一天，就是隔日沖大戶拉漲停的。大戶用漲停價大量買進，才會造成漲停板、讓您買不到的局面。❷這一天，很容易因買氣很盛而開高。不過，前一天買進的大戶卻趁機出貨了，於是股價就軟了下來，通常是收黑的居多。圖 22-2 則是隔日沖大戶進出場前後兩天的走勢。

　　正因如此，許多聰明的股民就想「順勢」在高點放空，讓大戶資金出貨的壓力，把股價打下來，這樣就可輕鬆搭便車獲利了。不過，道高一尺，魔高一丈，隔日沖大戶當然也會有新的對策。

圖 22-1 「光頭長紅」的 K 線型態，次日有開高機會，但隔日沖大戶出貨，行情就不好了！

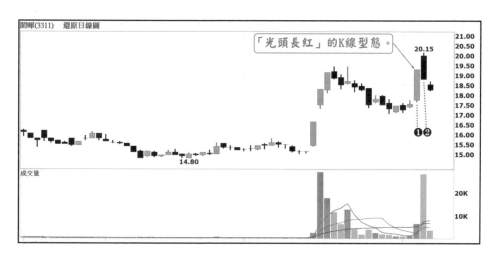

（資料來源：**XQ** 全球贏家）

圖 22-2 隔日沖大戶前後兩天的行情走勢。

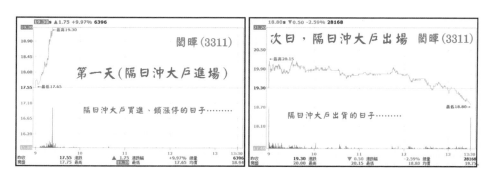

（資料來源：**XQ** 全球贏家）

# 23 隔日沖大戶的選股邏輯

**重點提問：我很好奇隔日沖大戶是如何選股的？怎麼都如此合乎「突破買進」的線型？**

　　隔日沖大戶的選股策略，當然是他們不肯透露的機密。我只能憑自己對技術分析的熟悉度去猜。但奇怪的是，筆者獨家的選股均線（3、5、8均線）理論，似乎常常選到他們的買點。這種巧合，只能說是他們很會選股，知道什麼樣的線型會受到行家的肯定，讓散戶也覺得「此刻應該是買點，而不是賣點」，然後，他們就反其道而賣出。於是，無往而不利。

## 隔日沖大戶買股，會設計創造美好線型

　　請看圖23-1，以「大甲」（2221）為例，看看它在隔日沖大戶買進前有什麼特徵？首先，它的股本只有4.24億，屬於小型股，拉抬容易。其次，它可資券交易，也可現股當沖，避險不難。同時，它沒有權證、個股期，不受干擾。此外，從K線來看，可知該個股已經「橫盤」12天了。如果用3日、5日、8日筆者的獨門三線糾結來看，糾結幅度已經很小。次日只要股價拉漲停板就會形成「突破」。最重要的是，從成交量來看，籌碼沈澱已到極點。籌碼既已沉澱，次日輕輕一拉就上去了。

**圖 23-1** 隔日沖大戶特別會製造「籌碼沈澱期」過後的「突破買進」線型。

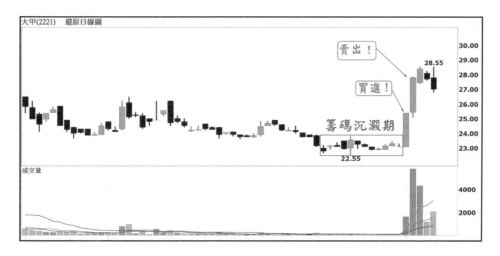

（資料來源：**XQ** 全球贏家）

# 24 盤中如何看出是隔日沖大戶出手？

重點提問：**既然知道隔日沖大戶拉漲停的股票，有其陷阱，那我們如何在盤中能預先判斷出來？**

請看圖 24-1，我們以「閎暉」（3311）為例，這一天它是在大盤下跌的情況下，強勢拉上漲停。很明顯的，盤中就可看出這是「隔日沖大戶」的操作。因為動作特徵是：❶速度盤。❷線型陡峭。

「速度盤」是指他們拉抬的時間又短又急，存心不讓你跟單，也不讓你今天一起買到！因為他們是以不計價的漲停板強勢買進的，豈能容許你的成本比他們低？那對他們明天的出貨不利。

## 買進日線型陡峭，出貨日線型徐徐滑落

「線型陡峭」是筆者長期觀察的發現，隔日沖大戶拉抬的股票，因為動作很急，所以造成的線型非常陡峭。同時，他們因為必拉到漲停板，並且把籌碼鎖死為止，然後掛上上千張（甚至萬張）買單，故意造成「一股難求」的假相。所以，總是「出奇不意」的快速搶進。看久了，你就能辨認了。

請看圖 24-2，這是隔日沖大戶第二天出貨的「分時走勢圖」，先拉高再出貨，然後就賣壓漸重、股價徐徐滑落而下。有時還會「買少賣多」假意再上攻，實則出貨。這種線型就和圖 21-1 大大不同了。

圖 24-1　以「閎暉」（3311）為例，隔日沖大戶買進日線型陡峭。

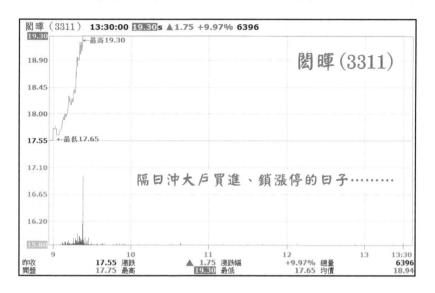

（資料來源：XQ 全球贏家）

圖 24-2　以「閎暉」（3311）為例，隔日沖大戶出貨日線型開高走低。

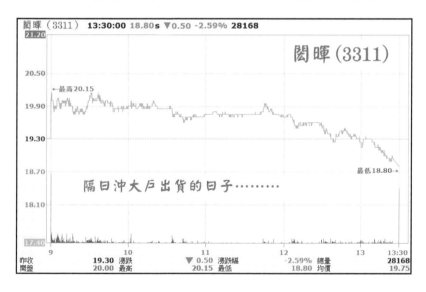

（資料來源：XQ 全球贏家）

# 25 一般散戶的「搭便車」對策

重點提問：作為一般散戶，我們如何搭隔日沖大戶的便車？

　　一般散戶很聰明，既然「隔日沖大戶」會把股價拉漲停，然後在次日倒貨。那麼散戶第二天還跟著買股票了嗎？久而久之，也不會一再上當。只有沒經過學習，也不懂什麼叫做「隔日沖大戶」的新手，才會傻傻追價跟單。那麼，「萬般拉抬只為出」，了解隔日沖大戶這一招之後，身為散戶的我們有什麼「狠招」對付呢？很簡單，就在第二天，當「隔日沖大戶」賣出時，跟著放空就行了！

## 觀察籌碼，可預知隔日沖大戶次日會不會出貨

　　為什麼呢？因為根據經驗，如果當天隔日沖大戶「買超張數」超過 2,000 張、或是「買超張數佔成交量」比重超過 30％，隔日沖大戶所買進的張數，將會成為隔日開盤最重要的賣壓。既然賣壓很重，那股價就容易跌。於是，有人就想，那放空不就勝算很大嗎？

　　沒錯，根據研究，當大盤不好或星期五（休假前效應）做多氣氛不佳時，放空「隔日沖大戶」前一天大買的股票，很容易成功的。當隔日沖大戶一心只想出貨，而不是買進，那股價就必跌了。

圖 25-1 以「士電」為例,隔日沖大戶拉漲停的股票,次日果然大跌。

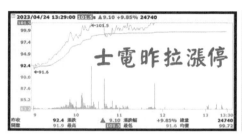 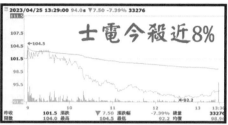

圖 25-2 以「營邦」為例,隔日沖大戶拉漲停的股票,次日甚至被砍到跌停。

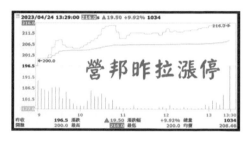 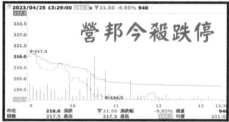

圖 25-3 以「勝品」為例,隔日沖大戶拉漲停的股票,次日拉高後從高處被砍下近 14% 之多。

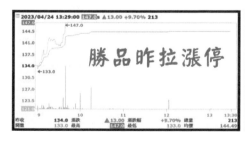 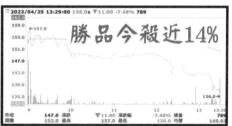

（以上各圖資料來源:**XQ** 全球贏家）

# 26 如何打好隔日沖的變化球？

重點提問：在隔日沖大戶買進的第二天放空，一定會贏嗎？如何面對其中的變化？

　　我們常常把成功的因素歸結為「複雜的事簡單做，簡單的事重複做」。但是，站在和散戶對立面的大戶可不是傻瓜。他們也知道「老狗變不出新花樣」，便會有危機。當受到高手指點的散戶已經看破你的手腳，你怎麼贏過對方？所以，大戶也常常會逆向操作，也就是「反市場操作」來坑殺散戶。你放空，他就來「軋空」。那麼，不選擇接受「改變」的散戶，將不可避免地步向衰亡之路。

## 記住各種隔日沖大戰模式，安全第一

　　這麼多年來，隔日沖大戶的「紀律」和「慣性」已經有了很多的變化球。第一階段，他想利用散戶的錯覺，在突破頸線後，牢牢鎖住漲停，明天再倒給你。第二階段，你想利用他的大資金，在他賣出之時，順便放空股票，輕鬆地撈一把。第三階段，他會利用你次日放空，故意示弱誘空，然後出其不意地強勢軋空，來一記回馬槍，再製作一天漲停板，逼你高價回補。請看圖 26-1，以「大甲」（2221）為例，在股價拉漲停、次日你想放空之際，大戶再一天漲停，自作聰明的散戶就被修理了。

圖 26-1　以「大甲」為例，隔日沖大戶也可能在第二天粉碎你想放空的念頭。

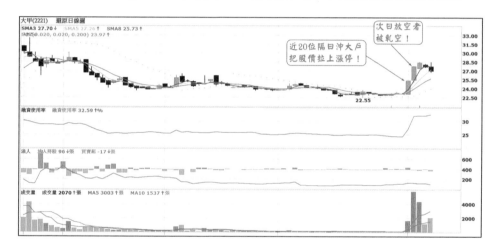

（資料來源：XQ 全球贏家）

# 27 長線大戶如何修理隔日沖大戶？

重點提問：隔日沖大戶予取予求，常讓存股族「抱上又抱下」。難道就沒有人治得了他們嗎？

其實，股市的參與者很多，包括了提供股票的「公司」之外，還有真正參與交易的「投資人」、服務投資人的「券商」，以及管理交易秩序的「主管機關」。在公司來說，有「內部人」、「大股東」；在投資人來說，有主力，有大戶，有中實戶、實戶等等；法人方面，當然包括外資、投信、自營商。有的軟體還把「籌碼」部分的資料，分得更細，例如「主力」之外，還有「控盤者」（長線主力）。

## 控盤者成本超低，隨時可以制裁隔日沖大戶

在長期的籌碼觀察中，筆者發現有些長線主力（控盤者）因為本身的持股價位很低，並不在意隔日沖大戶的「吃豆腐」。有些隔日沖大戶除了看線型很好之外，有時也會特別關注有三大法人大買的股票，進去「搶一把」而讓法人「買單」。但是，也有很多的案例，長線主力很惱火隔日沖大戶的干擾，有時他們也會刻意把大量股票倒在隔日沖大戶要出貨的第二天，讓隔日沖大戶慘賠的！例如圖 27-1，這是以「華榮」為例，隔日沖大戶拉漲停時，就曾經被長線主力把股價殺到認賠。

圖 27-1 以「華榮」為例，隔日沖大戶就曾經被長線主力把股價殺到認賠。

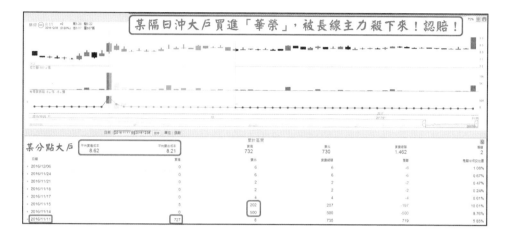

表 27-1 「主力買賣超」和「控盤者買賣超」的區別。

| | 分類 | 專業軟體公司的解釋 | 筆者的解讀 |
|---|---|---|---|
| 1. | 主力買賣超 | 這是以券商全部計算，前十五家買超與前十五家賣超去統計，也就是如果是元大買超，這個計算是計算所有元大整個買超該股的張數，未區分分點資料。 | 通常比較像短期大戶的動態表現。 |
| 2. | 控盤者買賣超 | 這個定義是分點如果其中一個買超的金額超過 100 萬，就會列入在控盤者買超的統計，然後集合全省所有券商各分點的資料所統計出來。 | 通常比較像長線主力的著墨。 |

（製表：方天龍）

# 28 隔日沖大戶的高明戰術揭祕

重點提問：隔日沖大戶是否也有穩賺不賠的高明戰術？

　　過去，隔日沖大戶「ＸＸ幫」（一群贏家大戶）發明了一種最厲害的戰術，就是利用大量買進「認購權證」，逼券商買避險的股票，把股價拉高，然後他們放空標的股票，第二天回補（或第三天再回補）。這一招，真的神機妙算！權證發行商在投資人買進權證時，就必須去買股票來避險。隔日沖大戶就是利用這個原理，在權證和股票上下其手，以達成低價買進、高價賣出的勝算結果。

## 利用權證莊家的習性，隔日沖大戶猛吃豆腐

　　他們的第一步驟，是先低價買進標的股票的認購權證。由於怕量太大會被券商坑殺（例如利用調降隱波率或拉大買賣比等等手法），所以分散在十幾家買進權證。然後券商就不得不去買進標的股票來避險。這時，隔日沖大戶就可以放空股票，然後第二天再回補。當他們回補股票時，股價就大漲，權證也必漲。他們就趁機賣出權證！他們這一招，筆者從籌碼的分點研究（他們在各家券商買進權證的時間，幾乎分秒不差），就可以看出全部過程！他們用這招吃過一段時間「權證莊家」的豆腐。

圖 28-1　莊家買股票的「避險」機制和原理說明。

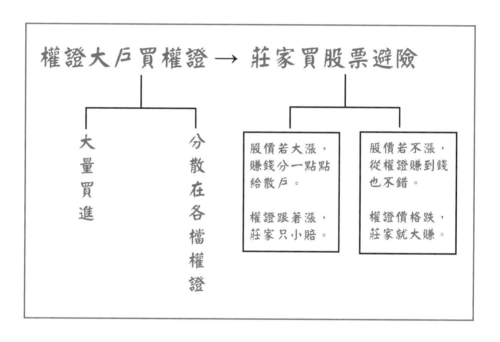

權證大戶買權證 → 莊家買股票避險

大量買進

分散在各檔權證

股價若大漲，
賺錢分一點點
給散戶。

權證跟著漲，
莊家只小賠。

股價若不漲，
從權證賺到錢
也不錯。

權證價格跌，
莊家就大賺。

（製圖：方天龍）

# 29 散戶如何學習做「隔日沖」?

重點提問：目前股市短線盛行，如果摸不清隔日沖大戶的行蹤，我們
　　　　　自己如何學做隔日沖？

　　當沖，由於價差有限，通常沒有「隔日沖」賺得多。但是，「隔日沖」也是需要講究技巧的。首先，就是要選「能賺的股票」，其次就是要買賣在「關鍵價位」。「能賺的股票」可能是能漲，也可能是能跌，就看你是做多還是做空。「關鍵價位」關係到買賣的時間點。一般來說，尾盤才買比較可靠，甚至下跌時應買在最後一筆，以免「套在半山腰」。通常當天尾盤低買、次日開盤高賣，是贏家的慣用模式。

## 選擇線型好的股票，成功機會較高

　　小散戶要有認知，我們無法像大戶那樣用龐大資金把股價拉漲停，造成「一股難求」的氣勢，獲得明天開高獲利下車的機會。所以最好選擇「線型」、「位階」以及「多頭排列」的股票做多，反之，放空也要選「空頭排列」的弱勢股下手。畢竟隔日沖跟當沖不同，當沖玩得好，是有可能不花本錢就獲利的，而隔日沖交割股票還是要有錢，最好能多準備一些可供交割的資金。然後，最重要的是，務必做好資金管理，看錯行情自動砍單，避免凹單不停損！

表 29-1　當沖與隔日沖的異同。

| | 當沖 | 隔日沖 |
|---|---|---|
| 優點 | 今日事今日畢，可以避開系統性風險，而且「現股當沖」交易稅減半。 | 價差通常比較大，如果次日續漲，可以獲利更大。必要時還可以繼續留倉。 |
| 缺點 | 交易後的行情就與己無關，萬一次日續漲就無法再獲利。 | 隔日波動方向不一定如自己預料，萬一方向不對可能賠更多。 |
| 成本因素 | 本金不必大，只要有可以償付虧損的錢即可，不需要有足夠買賣的資金。 | 買進的股票，要準備足夠的本金交割，若無法交割可能會造成「違約」。 |
| 交易方式 | 當天買的股票要全數當天賣掉。 | 今天買的股票，可以隔天才賣掉。 |
| 操作方法 | 可現股當沖，也可以資券當沖。 | 可視本金採取現股或資券交易。 |
| 證券交易稅 | 現股當沖：0.15％。資券當沖：0.3％。 | 0.30％。 |
| 注意事項 | 技術面的觀察，要選振幅大的股票。 | 注意國際局勢和新聞，留倉股票得防範系統性風險。 |

（製表：方天龍）

# 30 半日沖，印證您的乒乓戰術功力

重點提問：主力是否多半只做一個方向？盤中如何應變？可否多空互換操作？

　　一般來說，主力通常只做一個方向。例如拉高，其實只為出貨，那麼這個方向最終就是向下。有時，主力一大早就出貨完畢，但他如果看隨他賣出而放空的人有吃他豆腐的意思，那麼他行有餘力，說不定會來一段「突然的軋空」行動，亦未可知。另外，我們必須知道，股市並非只有一個主力，而是屬於「多頭馬車」的模式，所以當沖並不好做的原因就是股市有太多複雜的因素。

## 選擇線型好的股票，成功機會較高

　　筆者在時報出版的《神準天王方天龍的乒乓戰術》一書中，特別提到「半日沖」的概念。這通常是指行情很可能有「V轉」或「A轉」的變化，那我們就得「且戰且走」、「隨機應變」，該出手時就出手，該反手時就反手，這樣才能在做當沖時靈活操作。請看圖30-1，早盤前一個半小時，適合做多，就做多，後面的3小時一路向下，就適合反手做空，這就形成「半日沖」的不同操作方式。圖30-2，剛好相反，前一個半小時做空、後3小時做多，如此變化的操作方式，這就考驗當沖的判斷能力了！

圖 30-1 以「晶呈科技」（4768）為例，說明半日沖的多空判斷方式。

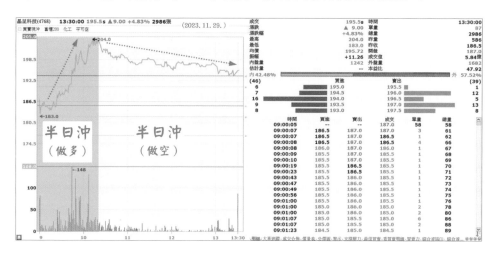

（資料來源：XQ 全球贏家）

圖 30-2 以「迅杰」（6243）為例，說明半日沖的多空判斷方式。

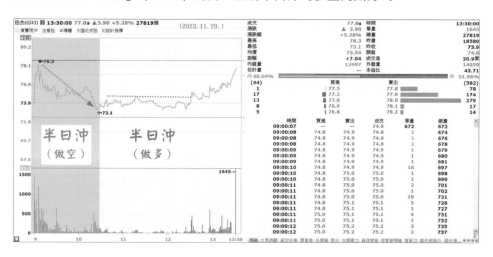

（資料來源：XQ 全球贏家）

PART

# 3

# 學會多空
# 精準判讀

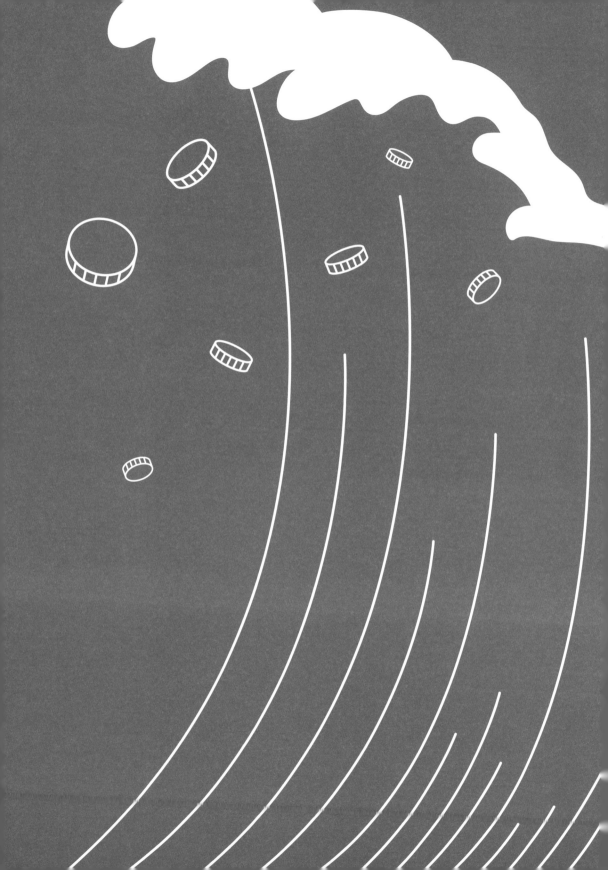

# 31 「德國商業氣候點」與 大盤呈現「正相關」

重點提問：做當沖，尤其是台指期當沖，也要看總經的資訊，是吧？

是的，大盤指數的變化，當然也會影響個股的走向，不能忽略它。根據筆者長期觀察各種指標趨勢圖，發現「德國商業氣候點」與「台股指數」呈現「正相關」，很值得參考比較。

在德國，這個被稱為「IFO 企業信心指數」（Ifo Business Climate Index）的總表，是依短期內企業的計劃及對未來半年的看法而編製出的指數。筆者意外地發現，它和台股指數有若干的類似。

## 攸關德國經濟景氣，也暗合大盤指數

這份 IFO 企業信心指數，是一個有效的領先指標，出現的「假訊號」不多，所以國際市場都很重視它。從另外一個角度來說，由於德國是歐洲第一大經濟體，所以他們的景氣狀況對股市影響非常深遠，其重要性也就相當可觀。至於它和「台股指數」為什麼呈現「正相關」呢？原因不明，但是我們從實際案例來看，確實如此。請看，圖31-1 台股的「加權指數」（TSE）月線圖，是不是和「德國商業氣候點」呈現出「正相關」的態勢？

圖 31-1　台股的「加權指數」（TSE）月線圖，和「德國商業氣候點」明顯呈現「正相關」。

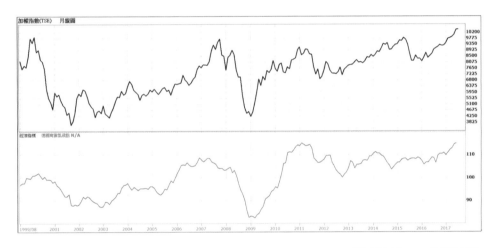

（資料來源：XQ 全球贏家）

# 32 美國供應管理協會（ISM）指數是經濟強弱分水嶺

重點提問：「美國供應管理協會（ISM）製造業採購經理人指數（PMI）」有沒有參考價值呢？

　　美國 ISM 指的是美國供應管理協會。從多空的角度來看，「美國 ISM 製造業採購經理人指數」遠比「大陸 PMI」、「美國失業率」或「日本領先經濟指標」都要更為貼近「加權指數」的走勢，當然有價值。「採購經理人指數」（PMI）是反映未來景氣變化的先行指標，這個數據不論好壞，一經公布，會很快地在瞬間影響國際金融市場，所以被視為最重要的領先指標。它對台股的影響力也不容小覷。

## ISM 指數 50%，是多空強弱中間值

　　我們該如何使用月趨勢的資料來做對景氣方向的預測呢？在聖路易聯邦銀行經濟數據（FRED）的網址有很多經濟數據可以供查詢，圖 32-1 則是台股的加權指數（TSE）與「美國 ISM 製造業採購經理人指數」的比較圖。我們從這個比較表，也可以看出這兩個數據是「正相關」的。既然是「正相關」，就有一定的參考價值。簡單地說，ISM 製造業指數，就是 PMI。操作方法：指數 50% 是經濟強弱分水嶺；指數跌破 40% 進場，報酬率可達 3 成。

圖 32-1　這是台股的加權指數（TSE）與「美國 ISM 製造業採購經理人指數」的比較圖。

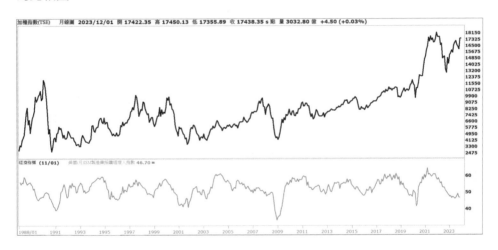

（資料來源：XQ 全球贏家）

# 33 美元指數和台股指數呈現「負相關」

重點提問：美元在金融市場有主導地位，那它和台股的走勢有沒有關連呢？

外匯市場的商品基本都是透過美元定價的。但美元指數的數值並非美元價格，也不是匯率，而是 6 種國家貨幣相對於基期 100（美元指數基期為 100）的漲跌幅度（價值），也就是把美元跟世界上其它主要貨幣的匯率拿來做計算所得到的指標。美元指數的走勢，可能都與美國股市正相關（但並非絕對），當資金流向美國市場，無論是因為看好或者因為避險理由，都可能代表股市會被資金推升。

## 美元指數持續下跌，台股才可望上漲

至於美元指數和台股指數的關係，多半呈現「負相關」。除此之外，從近期的範例看來，美元指數與美國股指，大部分時候也呈現「正相關」的關係，而各階段美元指數與美股的相關性由正轉負，很可能是受了美聯儲貨幣政策強烈的干擾。從最近兩年以來的規律看來，只有美元指數和台股指數的比較屬於「負相關」的關係，較有參考性。當美元指數持續下跌的時候，台股反而上漲；當美元指數持續上漲的時候，台股反而持續下跌。只有在美元指數持續橫盤時，台股才呈現多空不明的盤整期。

**圖 33-1　美元指數和台股指數呈現「負相關」。**

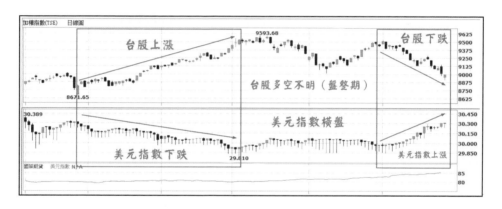

（資料來源：XQ 全球贏家）

# 34 外資淨匯入，關係台股動能表現

重點提問：台股的動能從世界的角度來看，外資的動作意涵如何解讀？

　　股市的資金動能，與「外資淨匯入」的情況，極有關係。大盤偏多，做多很容易賺錢。那是為什麼呢？怎麼判斷台股後市樂觀呢？

　　原來只要外資是「連續幾個月淨匯入」，就會在股市創連續多頭的「驚驚漲」紀錄，因為從外資的資金挹注也可以看出對台股後市相當樂觀。當外資持續匯入台灣時，主要是由於台灣基本面佳。

## 外資淨匯入資訊，可查證期局網站

　　外資投資於台灣股市或其它投資商品時，當美元持續走強，外資就容易賣出其相關資產，賣掉台幣換成美元。相反的，當資金從台灣流向美國，因此美股會相對強勢於台股，台股則是資金流出，對股市是負面影響。

　　如何找「外資淨匯入」資料呢？逕上金融監督管理委員會證券期貨局網站「公告資訊」項下，每月 5 日前公布之「外資新聞稿」查詢。https://www.sfb.gov.tw/ch/home.jsp?id=2&parentpath=0
。

圖 34-1　外資淨匯入的實況。

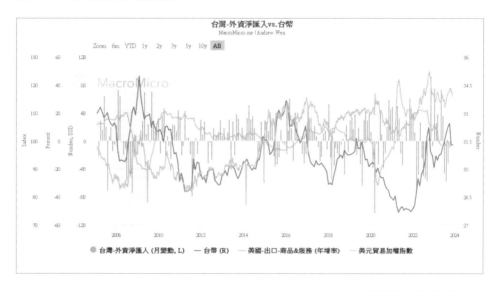

（資料來源：財經 M 平方）

圖 34-2　外資淨匯入的實況。

（資料來源：證期局）

# 35 景氣對策信號，買賣看分數

重點提問：常見報紙新聞提到「景氣對策信號」，這與股市的投資策略如何搭配呢？

　　景氣對策信號，也稱為「景氣燈號」，是用類似「交通號誌」方式的 5 種不同信號燈代表景氣狀況的一種指標。可以上「國發會」的網站（https://www.ndc.gov.tw/）查詢，從 2023 年 12 月 3 日查詢「景氣指標查詢系統」，到本文截稿為止，它最新的資料是 10 月份的。我們從圖 35-1 可以看出，目前的景氣對策信號是「藍燈」，分數是 16 分。

## 景氣對策信號，可查國發會網站

　　行政院國家發展委員會負責發布景氣燈號，發布頻率為每月一次，其發布的燈號一共有五種顏色，在股市買賣上也有一定的參考作用。景氣對策信號各燈號的解讀意義是這樣的：如果對策信號亮出「綠燈」（23-31 分），表示當前景氣穩定，一旦突破 29 分就宜賣。「紅燈」（38-45 分）表示景氣熱絡。至於目前的「藍燈」（9-16 分）表示景氣低迷，跌破 16 分就宜買。至於「黃紅燈」（32-37 分）及「黃藍燈」（17-22 分）兩者都是屬於「注意」的燈號，必須密切觀察後續景氣是否轉向。

**圖 35-1　景氣對策信號，可從國發會查詢**
　　　　**（https://index.ndc.gov.tw/n/zh_tw）。**

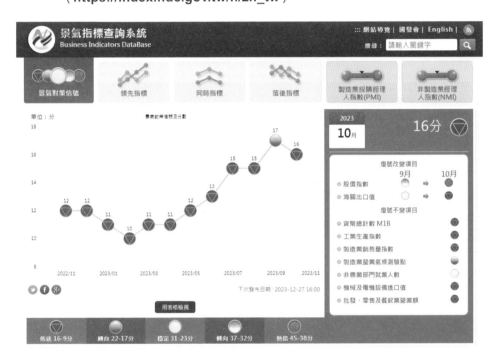

（資料來源：國發會網站）

# 36 移動平均線＋趨勢線，神準判別多空

**重點提問：我們如果不看基本面，而從技術面去著眼，最好的指標是什麼？**

　　股市操作最重要的事（尤其是做當沖），就是趨勢方向的判斷。股市可分三種型態：漲、盤、跌。究竟目前是居於什麼位階呢？不論是盤後或盤中，我們只要把 K 線圖拿出來，分別把上下各兩個高點和低點連線，然後從整體的型態，大致就可以知道現在是漲勢，還是跌勢，或者是盤整盤。知道趨勢之後，再以移動平均線去觀察，那麼多空方向，就八九不離十了。

## 移動平均線，最好用 6 條公認的參數

　　重要而實用的移動平均線，大抵有六條：5 日、10 日、20 日、60日、120 日、240 日等移動平均線。5 日、10 日、20 日是短期均線，60 日、120 日、240 日是長期均線。一般來說，大家使用這些參數並不一致，但以上均線卻是大多數信奉的標準，如果我們不使用大多數人使用的參數，可能就無法產生「集體共識」（或稱為「共振現象」）。短均線在長均線之上，適合做多；長均線在短均線之上，則適合做空。如果希望位階低一點，股價就必須儘量靠近 120 日或 240日均線，才可能是起漲點所在。

**圖 36-1　移動平均線的特性和影響。**

| 參數 | 內涵 | 特性 | 影響 |
|---|---|---|---|
| **5 日移動平均線** | 一般叫做「周線」 | 個股跌破 5 日線，代表股票轉弱。 | 以中長期來説，5、240 是判斷多空的好標準。為什麼不永遠用同樣的標準？因為有時乖離太大了，在日線圖上根本看不到 240 均線。 |
| **10 日移動平均線** | 一般叫做「雙周線」 | 兩周只有十個交易日，故名「雙周線」。 | 以大盤來説，10 日均線是很重要的一條均線。 |
| **20 日移動平均線** | 一般叫做「月線」 | 這可以説是主力的成本線。也有人用 18 或 21 或 22 日為參數。 | 以個股來説，在正常情況，我都是以 20、60 為多空分界。在周線來説，10 周均線和 20 周均線都是極受重視的、判斷多空的均線。 |
| **60 日移動平均線** | 一般叫做「季線」 | 這是法人的成本區，又叫做「法人線」或「景氣線」。它是最具法人與市場景氣性質的移動平均線，也是中期多頭、空頭市場的分界點。也有人用 55 日為參數。 | 60 日移動平均線，是多空判斷最重要的一條均線。俗稱 60 日移動平均線為「生命線」。 |
| **120 日移動平均線** | 一般叫做「半年線」 | 也有人用 130 或 180 為半年線。 | 有些高手會以「近一交易日股價創 180 日來新高」為選股條件，可見半年線也可以判斷多空。 |
| **240 日移動平均線** | 一般叫做「年線」 | 年線代表「基本面」或「大股東成本線」。在國外，通常使用 200 日線來代表年線，而台股通常以 240 或 260 或 280 為主。 | 指數跌破年線時，大多數的股票都會出現暴跌 50％的腰斬走勢，甚至從百元以上跌成雞蛋水餃股的比比皆是。有時，加權指數在跌破年線後，會整整跌了 1 年的時間才重回年線以上；突破年線後，也可能整整走了 2 年的多頭行情才結束。 |

（製表：方天龍）

# 37 358 均線理論的應用

重點提問：老師的 358 均線理論是什麼？

　　經常有「天龍特攻隊」群組裡的新朋友問到我在 2006 年獨創的 358 均線理論。一位原本只有 1,000 萬元資金的群友，也親口向我表示這一套理論幫他賺了不少錢，現在他的資金已近一億了。我曾將這個理論寫在拙著《100 張圖輕鬆變成權證贏家》（財經傳訊出版）中。也許不接觸權證的人沒看過，所以在這裡稍做解釋，畢竟太多人得益，不讓本書讀者知道也太可惜了。

## 突破均線糾結，光頭長紅噴出

　　我使用的是三條均線：3 日、5 日、8 日。利用這個參數去設定 K 線圖，只要三條均線糾結一段時間之後，就要注意及時買進。當它放量向上攻擊時，這三條均線就會向上發散，最好在它漲停板之前就要買進。當它真的漲停鎖死，就會造成有量有價、「光頭長紅」的線型。通常第二天起就容易噴出了。在此之前，最好有一段振幅不大的盤整期（大約三個月以上），那準確性就更高了。至於放量的程度，至少要在 5 日均量的兩倍以上。您不妨試試看，這是大方分享高勝率的選股祕訣哦！

圖 37-1 「台聯電」（4905）在突破 358 均線糾結後，次日就跳空漲停了。

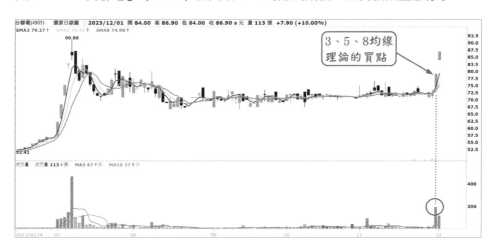

（資料來源：XQ 全球贏家）

圖 37-2 「智冠」（5478）在突破 358 均線糾結後，連續噴出十日！

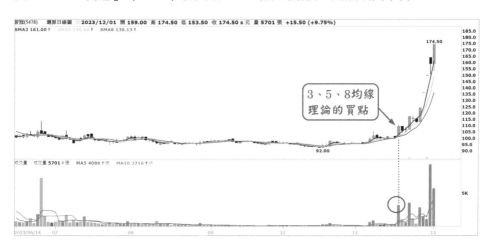

（資料來源：XQ 全球贏家）

# 38 你不知道的大股東持股轉讓

重點提問：大股東的持股轉讓，會不會對行情的變化起極大的作用？

　　大股東持股轉讓，與主力賣股不太一樣。因為大股東是做長線的，他們的考量多半舉足輕重，因為太了解股價在一年中的位置是高是低，因而我們在研判股價時，最好不要輕忽了大股東的動作意涵。大股東賣出持股必須事前申報，然後自申報日起算 3 天後的 1 個月期間內，始得出脫轉讓股票。持股轉讓通常有 5 種方式：❶一般交易❷贈與❸信託❹盤後配對交易❺指定人交易。

## 大戶持股比例大減，跟著放空有利可圖

　　當看到新聞說到大股東持股轉讓時，距離賣出股票，還有三天的時間。做當沖的人最好搞清楚這個細節。聰明又懂得節稅的大股東們，一定會選在股價相對低檔時，去做贈與或信託的動作才會有利，所以大股東低檔持股轉讓不必視為利空，後續還有可能出現上漲空間。

　　但大股東高檔轉讓，股價就易跌。請看圖 38-1「宏達電」（2498）在 1,300 元的高峰向下墜落之後，股價跌跌不休，我們從「大戶持股比例」的大幅改變，就可以明顯看出股價的漲跌玄機。

圖 38-1　大股東持股變少，是股價重跌的主因之一。

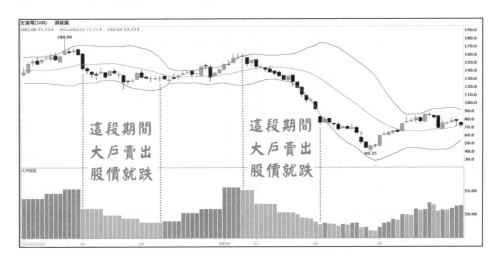

（資料來源：**XQ** 全球贏家）

# 39 公司祭出庫藏股的背後玄機

重點提問：「庫藏股」實施的公司，是否意味股價就一定保證有支撐？

「庫藏股」本來指的是公司將自己已經發行的股票重新買回，存放於公司，而尚未註銷或重新售出。這樣做可以減少市場上所有「已發行股票」的總數。這種庫藏股的回購往往作為對股東的回報，比直接發放紅利更省稅。表面上，庫藏股還可用於刺激與提高自己公司股票的交易量與股價。但是，實際上呢？公司執行庫藏股，卻不一定就是「利多」。操作當沖，未必適合先買後賣。

## 賣老股、補新股，小心庫藏股的暗算

「庫藏股」的實施，常變成旨在維護大股東，用公司的錢（也就是投資人的錢），維護他們自身利益的手段。尤其是大股東如果有「質押」股票，很容易因跌價而「價值」變低了，這會影響到借貸的關係，所以他必須硬撐股價才行。但「庫藏股」在特定期間一買一賣，無異於用公司的錢提供流動性，以便利大股東出貨。在一買一賣對敲中賣老股，再等股價跌下來回補新股。圖 39-1 是「慶騰」（4534）的一個案例，當公司「庫藏股」執行完畢，股價卻跌下來了，其中玄機非常耐人尋味。

圖 39-1 「慶騰」（4534）「庫藏股」執行完畢，股價卻跌下來了，其中玄機耐人尋味。

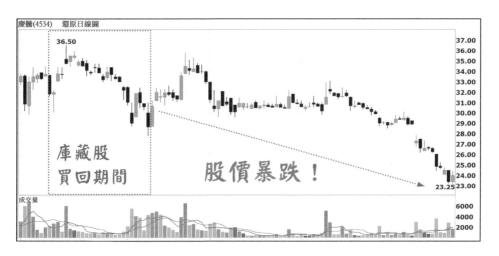

（資料來源：XQ 全球贏家）

# 40 用乖離率求得更適合的密碼

重點提問：飆股漲得太凶，是否能從乖離率來研判接下來的多空
　　　　　行情？

　　股票的收盤價，通常會在「移動平均線」上下的一定範圍內移
動。當股價偏離移動平均線太遠時，都有向「移動平均線」靠攏的特
性。計算股價偏離移動平均線的「乖離值」及「乖離率」，來評估股
價偏離移動平均線程度的指標，稱為「乖離指標」。乖離指標是根據
「葛蘭碧買賣法則」衍生而來的指標，乃是「移動平均線」的輔助技
術分析工具，可用於研判「買進時機」與「賣出時機」。

## 乖離率尖頭反轉，明顯由多轉空

　　運用乖離率的時候，最好能搭配其他的指標，才容易掌握多空的
判斷。舉例來說，「多空力道指標」若能和乖離率配合觀察，準度就
比較夠。請看圖 40-1，「宏洲」（1413）在❶這一天的「突破」性的
長紅，為何行情卻彎下去呢？因為次日❷的量縮了，且 60 日的乖離率
由 29.51％降為 24.59％了，且兩天的多空力道指標都在 0 以下，雖然
後來多空指標和股價慢慢背離，但對於❶這一天來說，是明顯由多轉
空了。所以，在長紅之後，不必苛求上漲。乖離率，也形成尖頭反轉了。

圖 40-1　運用乖離率的時候，搭配「多空力道指標」，用以掌握多空的判斷。

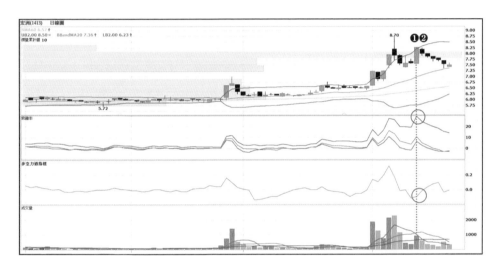

（資料來源：XQ 全球贏家）

# 41 借券賣出還券大增，股價反轉的祕密

重點提問：借券賣出的資訊，老師說過可以找出還券最多的，來加以運用，是嗎？

是啊，「借券賣出」本來代表的是許多投資人（尤其是外資）認為股價會下跌，所以借股票來賣。這對多頭來說，是不利的。但是，發現某一檔股票的「借券賣出」本來數量很大，卻突然大量還券了，那對多頭來說，反而是好事──因為隱藏著「軋空」的契機！圖 41-1「還券」大增的資訊，可以在這裡找到 https://www.twse.com.tw/zh/trading/margin/twt93u.html（信用額度總量管制餘額表）。

## 台泥大量連續還券，表示股價將不寂寞

請看圖 41-1，「台泥」（1101）這檔股票，我們從上述的網址，可以查到它 10 月 30 日出現了大量還券 89,108,320 股，也就是將近 9,000 張。這表示股價勢必止跌了。一定是有內行人知道一些訊息，趕快把借券還掉了。

果不其然，台泥 10 月 30 日的收盤價是 32 元，到了 12 月 1 日，股價已來到 34.4 元了，自從大量還券之後，股價就緩步趨堅、一路上漲了。這也是一個多空判斷的妙法！

**圖 41-1　2023 年 10 月 30 日，台泥（1101）出現「大量還券」的現象。**

| | | | | | | | | | | | | |
|---|---|---|---|---|---|---|---|---|---|---|---|---|
| 00927 | 群益半導體收益 | 0 | 0 | 0 | 0 | 0 | 47,224,250 | 1,888,000 | 0 | 0 | 1,888,000 | 1,060,794 |
| 00929 | 復華台灣科技優息 | 1,873,000 | 436,000 | 2,000 | 1,000,000 | 1,307,000 | 1,398,284,750 | 127,965,000 | 900,000 | 0 | 128,865,000 | 39,458,081 |
| 00930 | 永豐ESG低碳高息 | 0 | 0 | 0 | 0 | 0 | 29,444,750 | 40,000 | 0 | 0 | 40,000 | 635,982 |
| 00932 | 兆豐永續高息等權 | 0 | 0 | 0 | 0 | 0 | 72,945,750 | 1,340,000 | 0 | 0 | 1,340,000 | 1,849,681 |
| 1101 | 台泥 | 5,584,000 | 1,000 | 3,000 | 0 | 5,582,000 | 1,887,795,435 | 531,581,138 | 1,332,000 | 89,108,320 | 0 | 443,804,818 | 7,449,213 |
| 1102 | 亞泥 | 7,000 | 0 | 0 | 0 | 7,000 | 886,640,720 | 18,411,220 | 741,000 | 118,000 | 0 | 19,034,220 | 1,477,781 |
| 1103 | 嘉泥 | 0 | 0 | 0 | 0 | 0 | 197,561,864 | 4,928,100 | 3,000 | 0 | 0 | 4,931,100 | 94,831 |

（資料來源：台灣證券交易所）

**圖 41-1　從台泥（1101）大量還券之後，股價就一路上漲。**

（資料來源：XQ 全球贏家）

# 42 影響先賣後買或先買後賣的決策是什麼？

重點提問：當沖做「對的方向」很難，請問有沒有比較具體的方法可決定做多或做空？

　　所謂「做對的方向」，無非就是在適合做多的個股上「先買後賣」，在適合做空的個股上「先賣後買」。在盤後當然比較好辨認，因為型態、線型都已經呈現出來，只要精於技術分析，都有能力判斷並且訂出決策。但到了實戰的階段，盤中的變化卻是不可預料的，轉變的行情常常是始料未及，這都有賴於當沖「經驗」的累積，以及多方測試。其間，不免也有些微的運氣成分。

## 主力的心態偏多或偏空，宜多揣摩

　　基本上，主力的心態偏多或偏空，是我們必須揣摩的。當多頭市場或主力的心態偏多時，我們就要先買後賣，特別是大盤指數上揚、融資餘額增加、融券餘額減少時，是個好時機。「有交易家數」微增、長短期均線黃金交叉時，表示大家都感興趣，這種熱門股也比較適合「先買後賣」。

　　當空頭市場或主力的心態偏空時，我們就該採先賣後買的方式進行當沖。在觀察貨幣供給額（M1b）年增率不漲反跌、利率調漲時，也宜心存戒慎、採取「先賣後買」的策略，比較有利。

**表 42-1　當沖多空決策的參考因素舉隅**

| 先買後賣（心態偏多） | 先賣後買（心態偏空） |
| --- | --- |
| ●多頭市場，先買後賣。 | ●空頭市場，先賣後買。 |
| ●大盤指數上揚。 | ●大盤指數下跌。 |
| ●融資餘額增加時。 | ●融資餘額減少時。 |
| ●融券餘額減少時。 | ●融券餘額增加時。 |
| ●「有交易家數」微增，表示大家感興趣。 | ●「有交易家數」暴增，表示過熱。 |
| ●當沖率適中時。 | ●當沖率大於 30％時。 |
| ●價漲量增。 | ●價漲量縮。 |
| ●價漲量平，按兵不動。 | ●價跌量增。 |
| ●經濟成長率上升。 | ●經濟成長率衰退。 |
| ●貨幣供給額（M1b）年增率持續上漲。 | ●貨幣供給額（M1b）年增率不漲反跌。 |
| ●利率調降時。 | ●利率調漲時。 |
| ●K 值>D 值時。 | ●K 值< D 值時。 |
| ●長短期均線黃金交叉時。 | ●長短期均線死亡交叉時。 |

（製表：方天龍）

# 43 恐慌指數定多空

重點提問：發生重大利空時，常發現恐慌指數產生很大變化，是否可以參考做當沖？

恐慌指數（VIX 指數），全名是「Volatility Index」，又被稱為「波動率指數」。當股市跌得越凶時，恐慌指數就越會飆高；但當股市如果當天只跌一點點或呈現緩跌狀態時，恐慌指數卻會下降，這時放空股市反而容易賠錢。可見得恐慌指數只適合觀察突然的暴漲暴跌。觀察恐慌指數的變化，可以作為當沖的警示作用。利空出現，操作當沖自然可以獲得先機。

## 大盤頻頻上漲，恐慌指數就頻頻破底

從長期的經驗來觀察，當 VIX 恐慌指數上升、數字大到大於 30 的時候，代表市場對未來出現非理性恐慌，可能會在短期內出現反彈。指數越高代表人們的恐慌程度越高、不願意投資，會讓市場流動性越來越低。但是，當 VIX 恐慌指數下降的時候——通常這個數字若小於 20，代表市場出現過熱現象、股市價格相對較高，可能會出現逢高出脫的賣壓。見圖 43-1，我們用大盤指數和 VIX 恐慌指數相比較，可以發現當大盤（加權指數）一直上漲時，恐慌指數卻頻頻破底下跌。

圖 **43-1** 當大盤一直上漲，恐慌指數卻頻頻破底下跌。

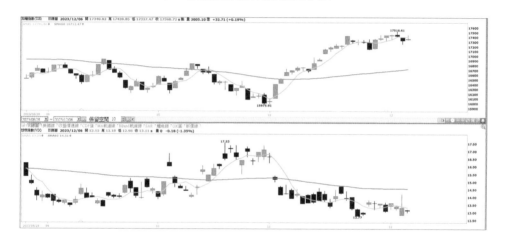

（資料來源：**XQ** 全球贏家）

# 44 量能關係定多空

**重點提問：量價關係，與股市走勢、個股多空表現息息相關，但如何定多空？**

　　股市是由人氣堆積起來，人氣的凝聚與消散最足以代表股市的榮枯；而成交量值的擴大與萎縮，正代表了人氣的凝聚與消散。所以，成交量值可說是股市溫度計，也是人氣指標。

　　股市裡所說的「價」與「量」，以個股來說，其中「價」指的是股價，而「量」指的是成交的張數；以大盤來說，「價」指的是加權股價指數，而「量」指的是成交總值。

## 觀察量價關係，不可忽視位階和籌碼

　　價量關係可分為九種狀況：一、價漲量增。二、價漲量平。三、價漲量縮。四、價平量增。五、價平量平。六、價平量縮。七、價跌量增。八、價跌量平。九、價跌量縮。

　　量價關係，一定要結合「位階」和「籌碼」來看。例如圖 44-1，❶最大多方量是突破❷這個經過一個月的平台整理區，當我們觀察它的多空方向，便要注意「從高位階落下的股票不能接（不能做多）」，「價漲量增」通常為多方量，「價跌量增」通常為空方量。這是在多空分辨中重要的判斷方法。

**圖 44-1** 「價漲量增」、「價跌量增」，前者為多方量，後者為空方量。

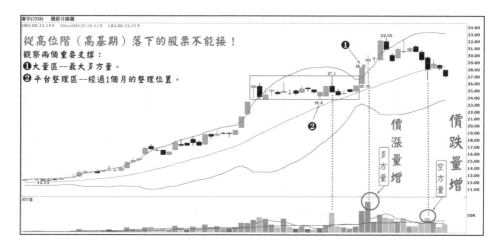

（資料來源：**XQ** 全球贏家）

# 45 大盤多空先行指標——美股怎麼看？

重點提問：在盤勢的判斷中，美股似乎廣受重視，那麼我們如何觀察美股來操作當沖？

　　美股最具代表性的就是道瓊工業、那斯達克、標普 S&P 500、費城半導體等「四大指數」。觀察美股，主要是看「道瓊指數」；而費半指數，與台股的連動性最高——尤其是櫃買指數。看美股做台股，其實技術分析的原理是相通的。美股最重要的兩條均線，是 20 日均線和 10 日均線。其中，20 日線是多空格局之分野；10 日均線是觀察它的「慣性壓力」之所在。支撐、壓力能不能過，可說是先行指標。

## 10 日、20 日線看美股，最具有參考價值

　　請看圖 45-1，美股要用 10 日均線作為觀察「慣性壓力」之所在。一旦未能跨越 10 日線而上，就會是空頭格局。那我們在操作台股時就必須加以考量。當美股突破 10 日線壓力，站上 10 日線就有機會續漲。圖中有左右缺口的島狀反轉造成的「趨勢向上」，如此的判斷對台股也有一定的暗示作用。

　　其次，再看圖 45-2，從 20 日均線的扣抵值，可以約略知悉未來的多空方向。現今的位階較高，依「翹翹板」的理論，左低右高，方向自然向上。這也是可以供做台股的參考。

圖 45-1　美股要用 10 日均線作為觀察「慣性壓力」之所在。

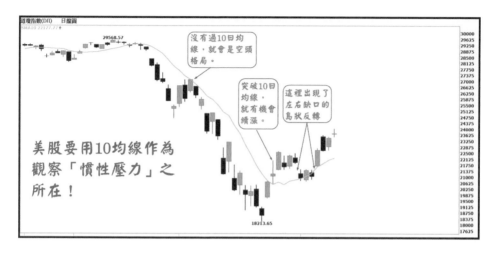

圖 45-2　從道瓊指數 20 日的均線扣抵值，可以約略知悉未來的多空方向。

PART

4

當沖的
高勝算祕訣

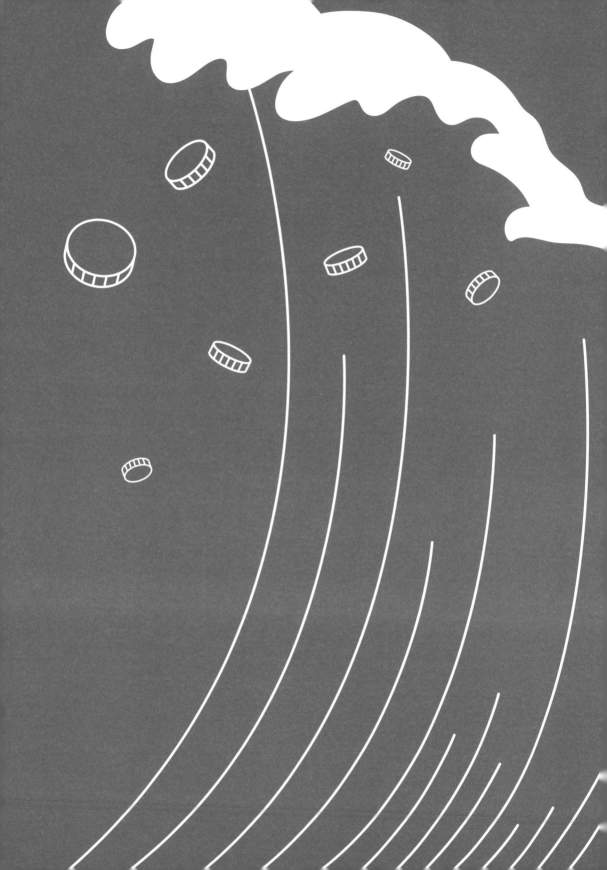

# 46 功力夠，什麼工具都能變成提款機

重點提問：老師常說「股票做得好，什麼工具都能變成提款機」，這
　　　　　話怎麼說？

　　過去，在我的教學講座上，我一直強調「股票做得好，期貨（尤其股票期貨）就做得好，只是遊戲規則不同而已」，卻有不少「一開始就學股期的人」，一聽到我教的是股票，似乎就有「不同領域」的概念，拒絕學習。這實在是外行到極點了！其實，股票是最安全也是最基礎的工具，它的技術分析如果精通，就好像內功深厚的練家子，學什麼武功都有加乘作用，其實是「技不壓身」的。

## 多空觀點無誤，股票股期都能獲利

　　「權證」目前還沒開放「當沖」，但可以做隔日沖；而股票期貨在「當沖」上，則是更方便的，成本比股票更低。股票做多，股期就可以做多；股票做空，股期一樣可以做空。只要多空觀點沒有判斷錯誤，思考的方向一致，即使用不同的工具，都是一樣可以作為提款機。

　　請看圖 46-1 和圖 46-2，從股票和股票期貨的走勢，我們可以發現這兩者的走勢，幾乎是步亦步、趨亦趨。「老人與狗」的理論，也可以用於股票和股期，基本上它們是不會跑離太遠的。

**圖 46-1　威盛的股票，與股票期貨走勢（見下圖），幾乎是一致的。**

（資料來源：**XQ** 全球贏家）

**圖 46-2　威盛的股票期貨，與股票走勢（見上圖），幾乎是一致的。**

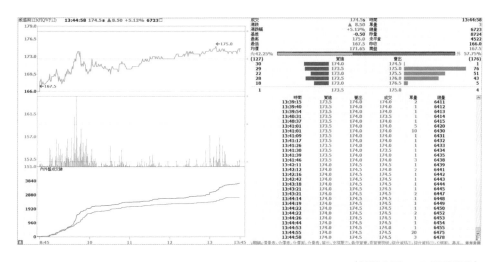

（資料來源：**XQ** 全球贏家）

# 47 從最熟悉的產業找標的

**重點提問：有時感到金融股、營建股好做，有時覺得電子股比較有飆勁，如何選擇是好？**

找標的，最好從您最熟悉的產業著手。高勝率的當沖方法，有時並非從程式交易或軟體發出的訊號去找，因為這些訊號是來自「不久前」的走勢特徵去呼籲您的注意。可是，下一分鐘，它可能就改變了，也許是主力策略改變了，也許多空易勢了。因為這些變化是瞬息萬變、難以捉摸的。所以，我們的反應要很快。所謂「孤軍深入」不熟悉的產業，往往容易中了埋伏而落敗。

## 了解產業並觀察類股排行，可知強弱

請看圖 47-1，這是以「大江」（8436）為例，從 2023 年 12 月 4 日來看，您想，次日該如何做當沖呢？這一天收 190 元，漲幅 5.26%，不僅站上了 5、10、20、60 這四條移動平均線，還價量齊揚（成交量 5,007 張），甚至創了 144 日新高價。結果呢？答案在圖 47-2，它後來竟然是連黑了四天！

當沖不是猜謎，最好先搞清楚該個股的產業（食品加工業，以賣機能性飲品、保健食品、美容保養品為主），然後所屬類股強弱勢排行如何？有何新聞？業績如何？籌碼如何？越熟悉才越有勝算！

**圖 47-1　以 2023 年 12 月 4 日「大江」（8436）為例，次日如何做當沖？**

（資料來源：XQ 全球贏家）

**圖 47-2　沿續上圖的問題，答案是連 4 天收黑，做多就錯了！**

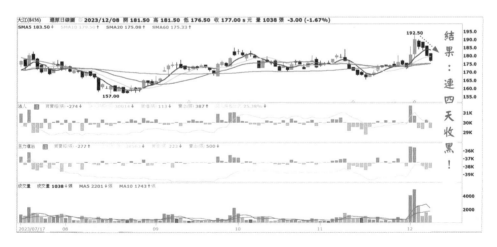

（資料來源：XQ 全球贏家）

# 48 從齊漲齊跌的概念股著手

重點提問：概念股常常齊漲齊跌，如何看待它們？

當新冠肺炎疫情引爆全球股災，會有很多相同的概念股出線。所以，無論行情好壞，都有值得操作的主流股。「股市上漲靠鈔票，下跌靠恐慌。」是很好的註解。當年主流股一旦確認，相關題材會有比價效應。例如恆大（漲幅 1,061%）、熱映（786%）、寶齡富錦（116%）、高端疫苗（108%），無疑的，經統計，那時主流就是「生技股」。這些齊漲齊跌的概念股，就引導您選擇有勝算的當沖標的。

## 類股領頭羊和領跌股，為關鍵所在

請看圖 48-1，這是 2023 年 12 月 8 日的類股漲跌幅排行榜，其中我們一看就知道，當天「航運股」是類股的最大漲幅之所在，而觀光類股則是敬陪末座。如果我們要找做多的標的，自然是從航運股中尋求；另一方面，如果要找放空的標的，當然要找觀光類股，才有弱勢股可以空它。

再看圖 48-2，同一天的航運股，選擇「散裝航運」領頭羊「新興」（2605）為標的做當沖，自然是以「先買後賣」為策略，儘管事後發現法人、主力都賣超，但我們當天已獲利下車，就不必憂心了。

**圖 48-1** 這是 2023 年 12 月 8 日的類股漲跌幅排行榜。

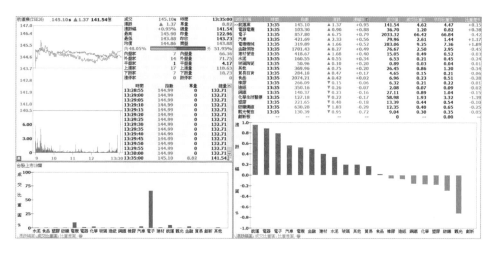

（資料來源：XQ 全球贏家）

**圖 48-2** 當沖「新興」，即使法人、主力都賣超，但我們已獲利下車，就不必憂心。

（資料來源：XQ 全球贏家）

# 49 從集團股盛筵過後 放空轉弱的小型股

**重點提問：對於「集團股」，在做當沖時可有什麼對策？**

對於「集團股」來說，人們想到的就是「作帳行情」。雖然集團作帳行情是台股長久以來的特色之一，也是投資人高度矚目的市場大戲，一般來說，集團股大多具交叉持股特性，心態偏多的公司派往往於季底或年底趁機拉抬一波行情，美化帳面數字。但有時候，根本事與願違，不但沒有「作帳行情」，甚至還有「結帳行情」。期許過高，操作方向相反，反而容易失敗認賠。

## 覆巢之下無完卵，空弱勢股準沒錯

以泛鴻海集團為例，鴻海自然是龍頭股。某一陣子也有一段攻擊波，引發集團內的公司股票都受到影響，紛紛上漲。請看圖 49-1，圖中的❶❷❸三天，鴻海幾乎每天都是以跳空上漲的姿態飆漲，但是接下來，卻連續三天走勢趨緩。到了❹這一天，已經看得出行情已近尾聲。這時，我們就不妨尋找集團內的弱勢股來空它。方法就是把當天的集團股漲跌幅排行榜拿出來，找出最弱勢的股票（當天是「友威科」）來放空。請看圖 49-2，「友威科」（3580）在龍頭股不振時，果然股價也沉淪了。

圖 49-1　鴻海在連續三天上漲之後，連續三天無法再創新高，顯見疲態。

（資料來源：XQ 全球贏家）

圖 49-2　泛鴻海集團各股轉弱，「友威科」（3580）顯出最弱勢，遂成放空好標的。

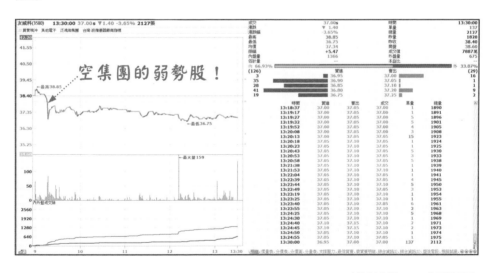

（資料來源：XQ 全球贏家）

# 50 壓力越小，當沖勝算越大

**重點提問：為什麼「壓力越小，當沖勝算越大」？**

　　散戶在做當沖時，常犯的老毛病有：❶追高就套牢，殺低就大漲。❷向下攤平，越攤越平，也越攤越貧。❸急於求成，結果卻「賺小賠大」。❹低檔不敢買，高檔拚命追。 賺錢的股票老是賣太早，賠錢的股票總是賣太晚！⋯⋯以上這五種毛病，多半緣於操作股票時無法控制情緒、壓力太大，以致慌慌張張，有如下棋時匆促落子，難免有事前思慮不周、事後後悔莫及之憾。

## 心性降壓、做好配置，讓當沖無後顧之憂

　　武俠小說常有個場景，就是：兩位高手對決，彼此功力差距不大，但誰先亂了情緒，就成為最後慘敗的關鍵。投資市場也是如此，盤面上都是市場上各路高手對決，操作時情緒的管理，往往就是勝負的指標。

　　除了心性必須解除壓力之外，用資產配置來對付風險，就是「分散投資」的概念，因為必須依適當比例，做好資產配置，把資金分散在各種金融工具上，讓當沖沒有後顧之憂，也是降壓的祕方。

表 50-1 操作股票壓力產生的來源。

| | | |
|---|---|---|
| 1. | 負債陰影 | 當沖並非完全不需要本錢。如果負了債、借錢玩股票，希望一步登天，賺回所有的資金缺口，那患得患失的心情，必做不好當沖，甚至會過度衝動而賠得更多！ |
| 2. | 期望太高 | 如果做當沖總是希望賣到最高價、買到最低價，賺到最大的價差，有時反而會失去交易的好時機。一旦股價和自己預期的不同，必定會形成「因小失大」的後果！ |
| 3. | 野心太大 | 有 100 萬資金，絕不能做 200 萬額度的當沖；有 50 萬資金，絕不能做 100 萬額度的當沖。並非遊戲規則不允許，而是經驗豐富的人都知道「小心駛得萬年船」。 |
| 4. | 貪心不足 | 行情的研判，高手也會有盲點，尤其「好的時候，往往看得更好；差的時候，往往看得更壞」，常是致命傷。如能選在次高檔（第二高點）賣出，就不會壓力太大。 |
| 5. | 逆勢操盤 | 當沖有時必須「逆向思考」，觀察股價逆勢突出的個股表現，但並不意味必須與大盤作對，而是要學著與散戶對作。在平倉時，就不會為了擠出「窄門」而苦惱。 |
| 6. | 心存僥倖 | 所謂當沖，並非每天必須非做不可的操作。沒有把握，就不要輕易出手。因為勉強應戰、心存僥倖，萬一輸錢事小，如果把自己的信心都弄糟，可是得不償失。 |

（製表：方天龍）

# 51 觀察類股的走勢，找出主流強勢股

**重點提問：從產業面，去找當沖的標的，有沒有捷徑？**

有個故事說：一位不知名的畫家，向名畫家訴苦：「為什麼我畫一幅畫只需一天，而賣掉它卻需要等上整整一年。」名畫家嚴肅地說：「要是你用一年的工夫去畫它，那麼一天之內你就能把它賣掉了。」其實股市也是從「凡事下功夫做足功課」開始，不過，在這麼多產業中，要想找到更精準的產業做當沖，也是有訣竅的。那就是從「細產業」去搜求適合的標的。

## 深入細節有訣竅，強中更有強中手

股市中，在不同景氣及股市多空循環下，會有不同的類股冒出頭，我們從觀察類股的輪動現象，可以看出當天「細產業」資金流向。把細產業按漲幅排序，就可以知道哪一類的個股，可能可以找到強勢的主流個股。例如圖 51-1 的「細產業」漲幅排行榜首為「利基型記憶體 IC 指標」，它就包括：「愛普」（6531）、「晶豪科」（3006）、「鈺創」（5351）三檔股票，其漲幅分別是 1.03%、2.2%、8.03%，由此可以看出「鈺創」（5351）是主流股中的最強勢個股。這樣的當沖標的，就是深入細節的最佳選擇。

# 圖 51-1 「細產業」把產業面的個股分得更細。

| 商品 | 成交 | 漲跌 | 漲幅率▼ | 量比 | 總量 | 昨量 | 內盤客(全) | 外盤客(全) | 上漲家(全) | 上漲量(全) | 下跌量(全) | 平盤量(全) |
|---|---|---|---|---|---|---|---|---|---|---|---|---|
| 利基型記憶體IC | 756.63s | ▲27.39 | +3.76 | 1.74 | 550697 | 316293 | 3 | 0 | 3 | 550697 | 0 | 0 |
| MCU指標 | 3505.22s | ▲117.04 | +3.45 | 0.82 | 154500 | 189475 | 5 | 5 | 9 | 152386 | 1293 | 821 |
| 設計IP指標 | 13224.28s | ▲407.34 | +3.18 | 1.54 | 3536410 | 2297094 | 4 | 2 | 5 | 3304397 | 194484 | 37528 |
| GPS指標 | 702.44s | ▲19.56 | +2.86 | 0.51 | 9735 | 19193 | 1 | 4 | 4 | 5648 | 3563 | 523 |
| 光碟指標 | 107.41s | ▲2.26 | +2.37 | 1.34 | 22537 | 16775 | 2 | 1 | 3 | 20882 | 1252 | 402 |
| USB IC指標 | 2139.22s | ▲44.87 | +2.14 | 1.25 | 1057151 | 843118 | 3 | 3 | 4 | 1025961 | 29085 | 2104 |
| 電線電纜指標 | 863.37s | ▲18.02 | +2.13 | 0.58 | 362657 | 621068 | 4 | 6 | 8 | 257189 | 102674 | 2793 |
| IC設計指標 | 1458.84s | ▲29.66 | +2.08 | 1.25 | 8606769 | 6890044 | 46 | 38 | 65 | 8071678 | 413623 | 121467 |
| 變壓器指標 | 446.35s | ▲8.76 | +2.00 | 1.00 | 22849 | 22776 | 3 | 2 | 2 | 13863 | 7627 | 1357 |
| 染料、顏料指標 | 484.87s | ▲9.34 | +1.96 | 0.74 | 2574 | 3471 | 4 | 0 | 1 | 1040 | 1201 | 332 |
| 電子驗證相關指標 | 2880.25s | ▲54.11 | +1.91 | 1.88 | 77015 | 41002 | 2 | 2 | 4 | 69407 | 3405 | 4201 |
| 膠帶貼紙指標 | 674.72s | ▲12.58 | +1.90 | 0.90 | 31136 | 34719 | 4 | 0 | 3 | 24276 | 6367 | 492 |
| 半導體封測材料 | 1998.61s | ▲36.20 | +1.84 | 2.53 | 436124 | 172358 | 7 | 8 | 10 | 413651 | 14502 | 7971 |
| 貨櫃航運指標 | 447.52s | ▲7.74 | +1.76 | 1.12 | 245755 | 219432 | 2 | 1 | 3 | 229864 | 9057 | 6834 |
| 記憶體模組指標 | 444.83s | ▲7.19 | +1.64 | 1.14 | 645642 | 566357 | 4 | 5 | 9 | 645642 | 0 | 0 |
| LCM指標 | 636.72s | ▲10.07 | +1.61 | 0.55 | 16254 | 29403 | 4 | 1 | 1 | 13608 | 1662 | 983 |
| IC基板指標 | 490.49s | ▲7.43 | +1.54 | 1.44 | 367511 | 255858 | 3 | 2 | 4 | 367484 | 0 | 26 |
| IC零組件通路商 | 784.98s | ▲11.69 | +1.51 | 2.32 | 387343 | 166944 | 12 | 7 | 14 | 312649 | 71718 | 2975 |
| 類比IC指標 | 1625.93s | ▲24.15 | +1.51 | 1.08 | 409428 | 377362 | 7 | 4 | 6 | 384936 | 19155 | 5336 |
| 音響設備及零件… | 872.52s | ▲12.92 | +1.50 | 0.58 | 7367 | 12792 | 7 | 1 | 6 | 4595 | 2507 | 264 |
| 橡膠指標 | 382.08s | ▲5.07 | +1.34 | 0.63 | 596191 | 949547 | 11 | 7 | 9 | 439223 | 130109 | 26857 |
| 保險指標 | 573.60s | ▲7.12 | +1.26 | 2.93 | 55413 | 18903 | 3 | 4 | 5 | 49135 | 4997 | 1280 |
| 肥料指標 | 1276.67s | ▲15.72 | +1.25 | 1.28 | 16763 | 13095 | 1 | 1 | 2 | 8340 | 5258 | 3164 |
| 銅箔基板指標 | 2346.57s | ▲27.94 | +1.21 | 1.37 | 272440 | 199040 | 3 | 1 | 3 | 218920 | 36413 | 17105 |
| 記憶體製造指標 | 205.22s | ▲2.34 | +1.15 | 0.91 | 145441 | 159721 | 2 | 1 | 2 | 120061 | 21046 | 4332 |
| 矽晶圓指標 | 1553.45s | ▲17.42 | +1.13 | 1.47 | 186526 | 126501 | 4 | 1 | 4 | 185789 | 253 | 483 |
| 光學鏡頭指標 | 451.69s | ▲4.97 | +1.11 | 0.86 | 225405 | 263272 | 8 | 7 | 10 | 104755 | 109082 | 11567 |
| 光纖產品指標 | 1891.26s | ▲20.47 | +1.09 | 2.49 | 528715 | 212583 | 6 | 9 | 10 | 481362 | 35771 | 11580 |
| 連接線材指標 | 926.25s | ▲8.53 | +0.93 | 1.97 | 160465 | 81361 | 12 | 12 | 16 | 132945 | 22137 | 5382 |
| LED指標 | 318.24s | ▲2.88 | +0.91 | 0.90 | 109679 | 121492 | 15 | 13 | 18 | 89592 | 16467 | 3619 |
| 背光板指標 | 302.35s | ▲2.70 | +0.90 | 0.86 | 30642 | 35785 | 3 | 2 | 6 | 24842 | 3592 | 2207 |
| 無塵室工程指標 | 1105.90s | ▲9.75 | +0.89 | 1.13 | 191712 | 170340 | 6 | 3 | 6 | 171117 | 15592 | 5001 |
| 家電指標 | 259.69s | ▲2.20 | +0.85 | 0.75 | 237213 | 318178 | 3 | 10 | 7 | 185782 | 44616 | 6814 |
| 傳播出版印刷指標 | 571.87s | ▲4.79 | +0.84 | 1.12 | 4587 | 4089 | 4 | 5 | 4 | 3098 | 799 | 689 |
| 筆記型電腦指標 | 1383.41s | ▲11.07 | +0.81 | 1.05 | 1802222 | 1722797 | 7 | 5 | 8 | 1477569 | 271474 | 53178 |
| 體外/利研檢測… | 715.33s | ▲5.61 | +0.79 | 0.80 | 20519 | 25632 | 8 | 5 | 6 | 15949 | 2251 | 2319 |
| 建材指標 | 1043.20s | ▲8.20 | +0.79 | 0.56 | 28235 | 50061 | 5 | 7 | 9 | 21834 | 5715 | 685 |
| 電聲產品指標 | 1237.21s | ▲9.65 | +0.79 | 1.24 | 31250 | 25248 | 1 | 3 | 1 | 18259 | 8792 | 4198 |
| 成衣指標 | 678.31s | ▲5.08 | +0.75 | 0.65 | 104543 | 161141 | 7 | 8 | 11 | 61731 | 40461 | 2349 |
| 遊戲產品指標 | 588.25s | ▲3.95 | +0.68 | 1.06 | 818548 | 771419 | 21 | 18 | 24 | 711092 | 99070 | 8385 |
| 無線網路指標 | 561.90s | ▲3.74 | +0.67 | 1.50 | 303688 | 202558 | 8 | 7 | 9 | 282240 | 11362 | 10085 |
| 其他電子通路指標 | 1372.69s | ▲9.19 | +0.67 | 0.62 | 98348 | 159277 | 10 | 6 | 9 | 63841 | 27850 | 6655 |
| 太陽能指標 | 456.97s | ▲2.98 | +0.66 | 0.73 | 127368 | 174863 | 10 | 5 | 8 | 111914 | 7367 | 8085 |
| 航空指標 | 741.86s | ▲4.87 | +0.66 | 1.27 | 580512 | 457625 | 4 | 1 | 5 | 567718 | 5486 | 7307 |
| 散熱模組指標 | 1567.31s | ▲10.17 | +0.65 | 1.01 | 574802 | 567018 | 8 | 4 | 8 | 471840 | 97470 | 5491 |
| 電源相關指標 | 1582.73s | ▲10.29 | +0.65 | 1.52 | 764697 | 504089 | 14 | 8 | 13 | 652624 | 103594 | 8478 |
| 證券指標 | 663.74s | ▲3.91 | +0.59 | 2.49 | 34342 | 13785 | 4 | 6 | 6 | 29020 | 2608 | 2713 |
| 產業機械指標 | 814.66s | ▲4.68 | +0.58 | 1.20 | 14179 | 11813 | 5 | 1 | 3 | 9842 | 1876 | 2460 |
| 機器人指標 | 1140.70s | ▲6.59 | +0.58 | 0.80 | 110917 | 137881 | 4 | 1 | 4 | 99665 | 8789 | 2462 |
| 染整指標 | 1241.00s | ▲7.07 | +0.57 | 1.02 | 489 | 479 | 0 | 2 | 2 | 289 | 28 | 171 |
| TFT面板指標 | 186.79s | ▲1.06 | +0.57 | 0.78 | 169825 | 217415 | 11 | 7 | 8 | 107358 | 43204 | 19261 |
| 連接器指標 | 794.44s | ▲4.49 | +0.57 | 1.27 | 444631 | 350191 | 10 | 11 | 12 | 378853 | 58463 | 7314 |
| IC封測指標 | 1042.93s | ▲5.79 | +0.57 | 1.21 | 1079973 | 890146 | 9 | 13 | 12 | 696540 | 363833 | 19539 |
| 觸控面板指標 | 133.79s | ▲0.72 | +0.54 | 0.76 | 12234 | 16128 | 6 | 1 | 6 | 5249 | 5605 | 1379 |
| 銀行指標 | 277.84s | ▲1.48 | +0.54 | 0.98 | 58238 | 59415 | 3 | 7 | 8 | 39578 | 7044 | 11616 |

（資料來源：**XQ** 全球贏家）

# 52 要懂得運用缺口理論 去做當沖

**重點提問：「缺口理論」是不是也可以運用於當沖的多空方向判斷？**

所謂「缺口」，是指兩根 K 線間沒成交紀錄。盤整時期，缺口都會被回補。它還有兩種情況：一種是多頭走勢的「上升缺口」，一種是空頭走勢的「下降缺口」。如果我們了解它的意義，做當沖當然比較有勝算。以「上升缺口」來說，它是強勢市場的徵兆，代表行情將持續向上發展。換句話說，這是一種多頭走勢的連續型態，也是隨後股價的支撐區，應該被看成是做多的區域。

## 認清支撐壓力，缺口理論很好用

另一種情況，就是價格下跌時，當天的最高價，低於前一日的最低價，兩根 K 線之間，夾著一段沒有成交價格的缺口，稱為「下降缺口」。

當「下降缺口」出現時，代表該個股當時是弱勢行情的象徵，是一種空頭的連續型態，先前的下降趨勢還會持續下去，同時當其後股價反彈時將會碰上壓力區。所以在下降趨勢中的價格，如果反彈到缺口時，應被看成是賣出的區域，也是適合放空的位置。

圖 52-1　多頭走勢的「上升缺口」。

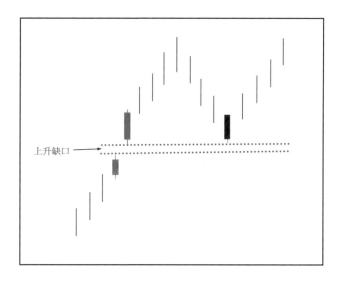

（繪圖：方天龍）

圖 52-1　空頭走勢的「下降缺口」。

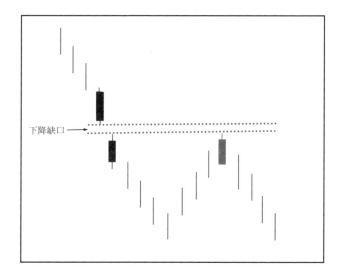

（繪圖：方天龍）

# 53 做當沖，別信所謂的「法人目標價」

**重點提問：法人買賣超是一般股民比較信賴的籌碼，有什麼該注意的嗎？**

除非是「假外資」，否則一般來說，法人的買賣超籌碼通常是比較可以信賴的。尤其是真的外資買進，通常不會只買一天；而投信被「假外資」滲透的可能性也比較少。不過，所謂的「法人目標價」卻有必要過濾一下。不只「聽其言」，還必須「觀其行」。外資發報告，通常是只為照顧自己的會員，至於對外發布的訊息，有時是為創造較高價的「預期心理」，讓大戶易於出脫持股。

## 熱門股亂喊價，外資騙倒一堆股民

請看圖 53-1，外資持股比例佔 44.92%（統計至 2023 年 12 月 13 日）的「欣興」（3037），香港外資研究機構 ALETHEIA 語出驚人，未來幾年 ABF 產能將擴張為三倍、驅動獲利大增四倍，給予撼動市場的 500 元股價預期，結果經過兩年多的驗證，目標價訂為 500 元後，最高其實只到 261 元。

再看圖 53-2，由調研機構 ALETHEIA 發布的報告，喊出「台積電」（2330）目標價為 1,000 元後，結果經過兩年多的驗證，最高也只到 688 元。外資亂喊價的作風，千萬別信才好！

圖 53-1 外資喊出「欣興」（3037）目標價 500 元後，兩年多來最高只到 261 元。

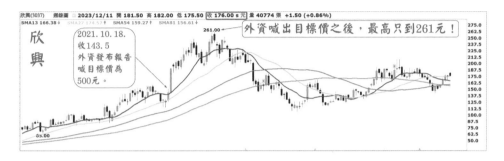

（資料來源：XQ 全球贏家）

圖 53-2 外資喊出「台積電」（2330）目標價 1,000 元後，兩年多來最高只到 688 元。

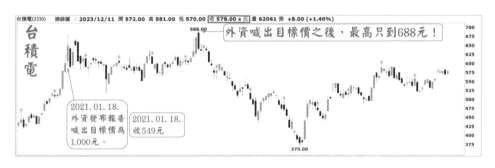

（資料來源：XQ 全球贏家）

# 54 大盤拚命跌，不會放空怎麼辦？

重點提問：習慣做多，如果當天大盤一直跌，除了趕快賣庫存股票之外，如何做當沖呢？

當天大盤一直跌，當然先要把庫存的弱勢股先賣再說。觀察大盤始終沒有起色，當然應該做放空的當沖。萬一您不長於放空，卻硬要做當沖，就得選擇「和大盤逆勢而行的個股」，先買後賣。

大盤在下跌的時候，某一檔股票卻「勇往直前」、「力爭上游」，甚至比其它個股都強，背後必有不為您所知，或您還沒發現到的原因。這樣的個股就是我們「做多當沖」的首選。

## 大盤狂跌，你就找狂漲的股票

請看圖 54-1，這是 2023 年 12 月 12 日的大盤走勢，可知它趨勢明顯「一路向下」，於是我們就要找「和大盤逆勢而行的個股」。本文以「永崴投控」（3712）為例，它就是合乎如此的條件。再看圖 54-2，「永崴投控」當天開盤就漲 4.05％，起先消化一些賣壓，被砍到 40.95，然後，在大盤續跌的情況下，它卻不再破 40.95 的底部，且一路向上，明顯和大盤背道而馳，最終鎖上漲停。這樣的個股如果您早盤就已經認知正確，不論在哪一個低點買進，接下來都很容易賣到好價格，完成當沖的勝仗！

**圖 54-1　2023 年 12 月 12 日，這一天的大盤明顯一路向下。**

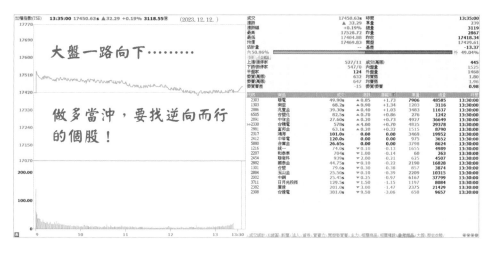

（資料來源：XQ 全球贏家）

**圖 54-2　以永崴投控（3712）為例，它就是一檔和大盤逆向而行的個股。**

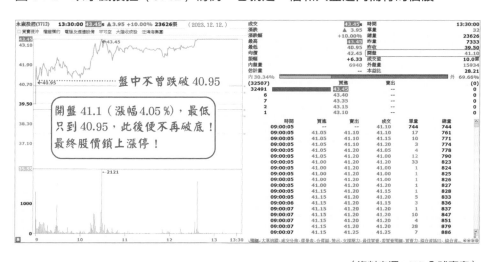

（資料來源：XQ 全球贏家）

# 55 手上有持股，鎖單先空後補

**重點提問：如果大盤在跌，既不長於放空，也不會當沖，怎麼辦？**

　　手上的持股先照顧好吧！否則當大盤「一路向下」的時候，您的庫存股肯定也會一一遭殃的（所以我一直強調持股不該超過 5 檔），收盤後大抵都會「點兵兵不少，個個都受傷」。比較積極的做法，叫做「拔檔」，也就是把手上的持股「先賣後買」。根據長期的操作經驗，這種做法通常都是對的。至少可以少賠一些錢，甚至可以治好您「套牢的股票始終下不了手認賠，卻越賠越多」的人性弱點。

## 倒 N 字型走勢，是先賣後買的好時機

　　假設我們有庫存股「華星光」（4979），請看圖 55-1，這是它在 2023 年 12 月 12 日的走勢，當天大盤趨勢「一路向下」，我們不會放空，也不長於做多當沖，可是「華星光」開盤就跌，怎麼辦呢？觀察一下它的走勢，一旦它出現「倒 N 字型」，就立刻先賣再說（可使用「現股當沖」）！

　　萬一，接下來只要不超過開盤價的 178，都不必理會，盤中若有重跌即可接回，否則最後一筆買回即可。事後看起來，日線圖在前一天的天劍線之後，果然收黑，顯示主力也大量賣出。您就做對了！

圖 55-1 當「華星光」（4979）轉弱成「倒 N 字型」，就先賣出，收盤前接回，即是「拔檔」。

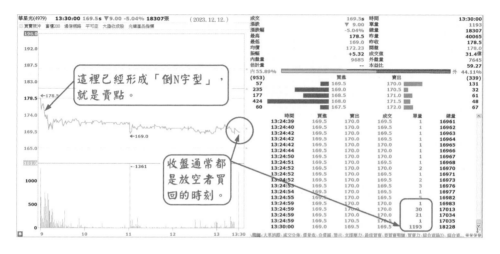

（資料來源：XQ 全球贏家）

圖 55-2 盤後看「天劍線」之後，果然收黑、主力也賣出，您就做對了！

（資料來源：XQ 全球贏家）

# 56 獨家的搞笑絕招，還真靈！

重點提問：許多投顧老師每天在電視報牌説他們的某一檔股票又漲停了，很吸引人。可以跟進嗎？

　　這種滿口的「投顧腔」，無法印證真假。天天有明牌，天天不同，有些老師甚至是在漲 8％ 至 9％ 之後，才喊到漲停的。會員多，大家一湧而上自然容易漲停。原則上我是不鼓勵一般股民跟進的。但是有些股票鎖漲停之後，往往隔天開高就有 1％ 至 4％ 不等的漲幅可以沖掉，所以還是有很多人非常嚮往。其實，您天天看他報一堆股票，如果您把它一一記錄下來，有時也可以猜到他們準備拉哪一檔股票了。

## 吃投顧豆腐，這一招堪稱將計就計

　　我有一個創意，您可以先設計如圖 56-1 的版面，每一張圖，就填上投顧在電視報過的牌。然後，看哪一檔股票今天的線型最好、先拉上 8％、9％ 以上的漲幅？那就是他今天準備拉上漲停然後在電視炫耀的股票。雖然投顧老師在某些財經節目接受電話連線訪問時，報牌常被老會員獲利了結，但由於前仆後繼，股價也常仍舊漲停。但這招吃投顧豆腐的絕招，也有缺點，因為他報過的牌超多的，通常很快就超過十多檔。這麼多的標靶、總有強勢股在手，這是他們賴以生存的方法，也是避險之道。

圖 56-1 方天龍設計的、專吃投顧老師豆腐的創意版面。

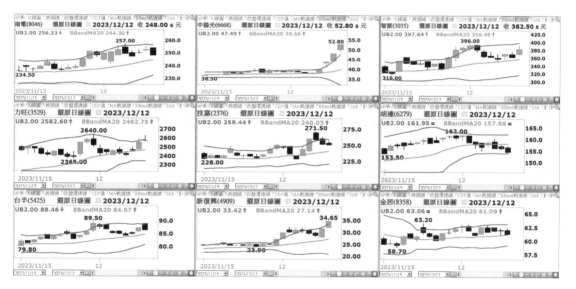

（資料來源：XQ 全球贏家）

# 57 正價差適合做多，逆價差適合做空

重點提問：「正價差」和「逆價差」對股價走勢，有什麼影響呢？

很多人以為他只操作股票，並不需要關注期貨的變化。其實，這就好像現代戰爭主將不曉得陸海空軍必須聯合作戰一樣。多懂一點，是有助於股票操作的。「正價差」是期貨大於其標的現貨的價差，它代表期貨交易人願意付出比現貨更高的價格，通常是後市看好；「逆價差」則是期貨小於其標的現貨的價差，它代表期貨交易人不肯付出比現貨更高的價格，所以是後市看壞。

## 股期先拉、股票跟進，宜多不宜空

外資在操作股票時，如果有意做多，通常會先拉股期，再拉股價。這一部分的道理，請看拙著《100 張圖搞懂股票期貨》一書（財經傳訊出版）第 116 頁至 117 頁的詳細解說。

我們用實際案例來說明：請看圖 57-1，2023 年 12 月 12 日這天，我手上的股期一早就獲利賣出了，意外的是它衝得比我預期的更高，仔細觀察，原來股期有大戶一直強勢拉高股價，所以股票價格也絕不落後。從尾盤股期和股票的力道相比，可看出是股期帶動股票漲勢，也是兩者的「正價差」造成的。

圖 57-1 股期帶動股票走勢，尾盤最高衝上 81.5，對股票價格有提升作用。

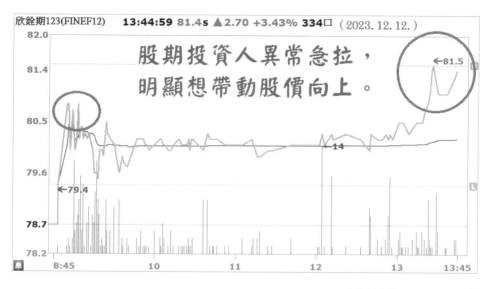

（資料來源：XQ 全球贏家）

圖 57-2 「欣銓」（3764）股價居高不下，主要是受股期強勢拉抬影響。

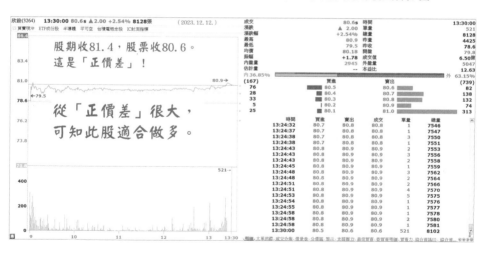

（資料來源：XQ 全球贏家）

# 58 裸 K 操作與多指標買進

重點提問：K 線就 K 線，為什麼叫做「裸 K」呢？它和指標的應用有
什麼不同？

　　「裸 K」是指不用任何指標，只單純從「價格」K 棒單純來看最
佳買賣點的方法。市場上什麼是最重要的？當然是價格。因為任何事
都會反映、總結、歸納到價格上。「裸 K 交易」注重的是 K 線的本
身，光憑結合 K 線型態、支撐壓力、多空角力、價格突破與否⋯等等
訊息，就能客觀判斷價格未來的走勢。由於各種技術指標都是以 K 線
作為基礎，所以裸 K 就能優先於各種技術指標反映未來趨勢。

## 裸 K 判斷靠經驗，指標共振比較客觀

　　「裸 K」是比較依賴經驗的看盤方式，但各種指標會流傳至今，
絕不會毫無作用。如果我們能在有限時間內觀察到多指標的買進訊
號，在操作時，更可以如虎添翼。

　　常用的技術指標有四：MACD、KD、RSI、移動平均線。其餘還
有很多，例如寶塔線、乖離率、布林通道、威廉指標等，都有人重
用。所謂的「指標共振」指的是兩個以上的技術指標都發出同一個方
向的訊號，代表有兩個指標支持這個方向的看法。當沖的方向要正
確，靠「指標共振」，勝算更大。

**圖 58-1 裸 K 交易，主要靠判斷的經驗。**

**圖 58-2 多指標買進或賣出訊號，是較客觀的判斷模式。**

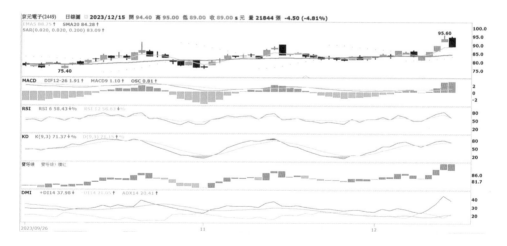

# 59 從手機中，如何知道 個股能否做現沖？

重點提問：很多上班族做當沖，往往是憑藉一支手機在操作。如何知
道哪些股票可以做當沖？

使用電腦操作股票，「有哪些股票可以做當沖」訊息比較周全，
一向為「專業投資人」所喜愛，不過，許多上班族朋友受限於工作地
點沒辦法看盤，也無法用電腦下單，所以平常只能用手機進行股票操
作。在訊息不明的情況下最好別玩當沖，否則猶如盲人騎瞎馬。不
過，現階段手機業者 APP 已經越來越進步了。只要手上有一支手機，
一樣可以找時間地點操作，毫無遜色。

## 不必查詢，手機交易功能已進化

請看圖 59-1，能否做現股當沖，在手機的交易功能裡會分別註明
「買賣現沖」或「禁現沖」。進入手機 APP 的操作系統中，可做現股
當沖的股票，在交易功能裡會特別註明「買賣現沖」。不可以做現股
當沖的股票，會在「交易功能」裡，註明「禁現沖」。

手機的無線網路，已日漸普及，只要訊號正常，「成交明細」也
會傳輸得相當快。委託下單都能秒速成交。重要的還是練好看盤的基
本功。

圖 59-1　能否做現股當沖，在手機的交易功能裡會分別註明「買賣現沖」或「禁現沖」。

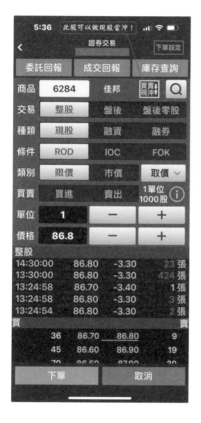
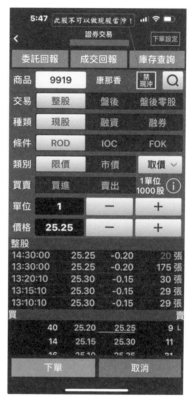

（資料來源：富邦證券）

# 60 「漲不停」的股票，有什麼特徵？

重點提問：當沖最想碰到的是「漲不停」的股票，因為它的勝算最高，可是如何發現呢？

「漲不停」的股票確實是最安全的做多股票，也就是「先買後賣勝算高」，但因為每天的振幅通常都不大，所以，也未必是當沖最賺的股票，只是「不跌」而已。這種強勢股，不僅不跌，甚至一旦黑了兩天就會續漲。請看圖 60-1，以「鈊象」（3293）為例，它「十連紅」的表現，堪稱「漲不停」的股票，您會發現它在圖中❶❷兩天和❸❹兩天，都是在長上影線之後逆勢續漲，可說企圖心雄厚。

## 股價宜漲不宜跌，否則軋空就會結束

再看圖 60-2，同一檔股票「鈊象」，它除了「十連紅」、「長上影線之後逆勢上漲」之外，也有「軋空秀」的特徵。怎麼說呢？它近期的籌碼顯示，融資在最近 6 天明顯降低，代表散戶的籌碼逐漸被大戶吸收了。在「鈊象」（3293）的日線圖中，我們可以看出「融券大增」（最近 16 天只有 4 天沒有增加）、「借券賣出大增」（最近 13 天只有 2 天沒增加）、「券資比急遽升高」的特徵。需要提醒的是，此後股價只能漲、不准跌，否則「軋空秀」就會結束了。這完全取決於主力的心態。

圖 60-1　「鈊象」（3293）兩度長上影線之後，股價逆勢上漲。造成「十連紅」盛況。

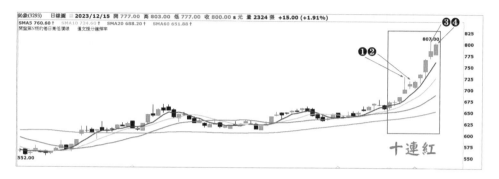

（資料來源：XQ 全球贏家）

圖 60-2　「鈊象」（3293）出現資減券增、借券賣出不止、券資比上升的「軋空」特色。

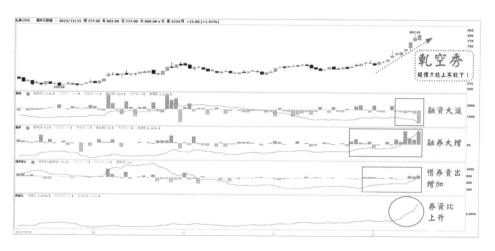

（資料來源：XQ 全球贏家）

PART

# 5

# 進出場的
# 買賣點抉擇

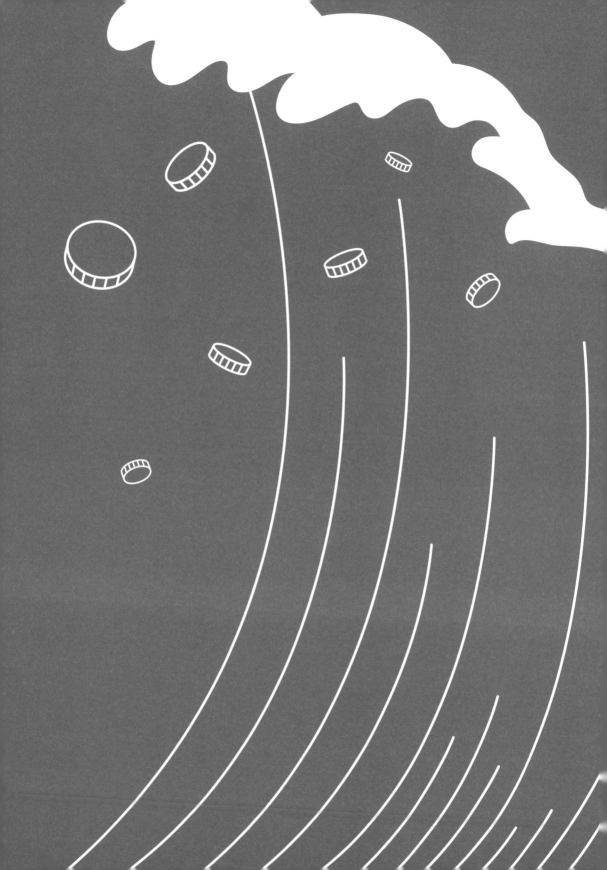

# 61 「一柱擎天」與「一瀉千里」

**重點提問：連續跳空漲停或跌停的股票，如何看待它的轉折變化？**

當沖，最需要精通的基本功就是技術線型。連續跳空漲停，突然有一天行情反轉，由長紅變長黑，這種線型叫做「一瀉千里」；連續跳空跌停，突然有一天行情反轉，由長黑變長紅，這種線型叫做「一柱擎天」。請看圖 61-1，左圖為「一柱擎天」，在連續跳空跌停之後，突然出現漲停的長紅。至於右圖為連續跳空漲停之後，突然出現跌停的「一瀉千里」的線型圖。兩組型態，可以對照觀察。

## 巨量收黑，緣於短線大戶殺出持股

不過，在實戰中，連續跳空跌停之後，未必就是漲停，但至少會是長紅，才能分出高下；同樣的，連續跳空漲停之後，未必就會跌停，但形成長黑，是勢所必然。請看圖 61-2，以「英業達」（2356）為例，它因有利多而在 2023 年 12 月 13 日至 14 日連續跳空漲停，造成「一股難求」的現象，可是在 12 月 15 日突然被短線主力殺成長黑，卻並未跌停，所以很難判斷是否會演變成類似「一瀉千里」的型態，由於當天爆出巨量，得看此後股價是向上或向下，才知換手的輪替，究竟是多方還是空方勝出。

圖 61-1　左圖為「一柱擎天」、右圖為「一瀉千里」的線型圖。

 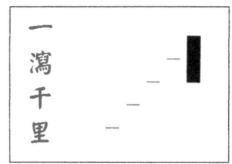

（繪圖：方天龍）

圖 61-2　「英業達」（2356）在連續跳空兩天之後，出現一根類似「一瀉千里」的線型。

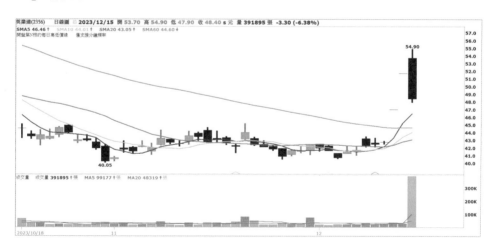

（資料來源：XQ 全球贏家）

# 62 「外側三紅」與 「外側三黑」

**重點提問：「外側三紅」與「外側三黑」似乎也是對照組？**
**如何解讀呢？**

在做當沖時，不論是日線圖或是 5 分鐘圖的 K 線，多半可以通用。在多方的線型組合中，也常有對應的空方型態。例如「外側三紅」與「外側三黑」，分別是做多、做空的型態。請看圖 62-1，由三根 K 棒組合時，連續三根的排序是：中小黑、長紅、中長紅，就是「外側三紅」（做多）；中小紅、長黑、中長黑，則是「外側三黑」（做空）。

## 三根 K 棒中，第二根有吞噬之意

我們以實際的案例來說明，請看圖 62-2「昇達科」（3491）在 2023 年 12 月 15 日的日線圖，就是經典的「外側三黑」的型態。在圖中虛線框起來的三根 K 棒中，它的第一根 K 線是「中小紅」；第二根 K 線是「長黑線」，其「陰線實體」完全吞噬前一根中小紅 K 線的「陽線實體」，暗示短多即將結束，行情即將反轉。在空頭吞噬之後，第三根 K 線是「中長黑」，跌破第二根長黑線的低點，形成「外側三黑」。因此，屬於空頭反轉型態。有可能預示趨勢將反轉，多方應儘速退場，不宜戀棧。

圖 62-1　圖左是「外側三紅」、圖右是「外側三黑」的型態。

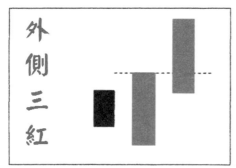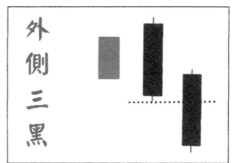

（繪圖：方天龍）

圖 62-2　「昇達科」（3491）在 2023 年 12 月 15 日的日線圖，是經典的「外側三黑」的型態。

（資料來源：XQ 全球贏家）

# 63 「多方母子」的訊號

重點提問：有一種叫做「多方母子」的訊號如何解讀呢？

在日線圖或 5 分鐘線的下降趨勢中，出現「多方母子線」，是做多的訊號。第一根「中長黑 K 線」為空方的「背離」線型，通常量大；第二根「中小紅 K 線」，必然量小，且孕育出多方的攻擊力量；第三根 K 線開高收紅，且一舉越過「中長黑 K 線」的高點，又帶量出來，則形成有效轉折。像這樣的三根線型組合，屬於多頭反轉型態，預示著股價將反轉向上。這時我們可以做多找買點。

## 五次攻堅，「多方母子」強力表態

請看圖 63-1，這是「多方母子」做多的經典型態。它是由三根 K 線組合而成，以圖 63-2「創意」（3443）為例，它近期有五次「多方母子」型態的特徵，從圖中❶、❷、❸、❹、❺的五個色塊來看，每一個色塊均係三根 K 線，都分別為組合而成的「多方母子」型態，與經典範例（圖 63-1）都有九成以上的「相似度」。這種型態表示股價做多的意味濃厚。我們觀察「創意」從 2023 年 8 月以來，股價節節上升的表現，可見這樣的型態非常符合多方的企圖心，相當值得重視。

圖 63-1　這是「多方母子」做多的經典線型。

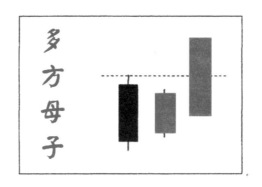

（繪圖：方天龍）

圖 63-2　「創意」（3443）近期有五次「多方母子」型態的特徵，股價節節上升。

（資料來源：XQ 全球贏家）

# 64 「母子晨星」與「母子夜星」

重點提問：什麼叫做「母子晨星」，什麼叫做「母子夜星」呢？

在日線圖中，在股價跌深出現一根「中長黑」K線之後，隔日出現具有轉機意味的「十字線」，而且孕育在中長黑K線之中，稱為「母子十字」，預示著價格即將改變，形成反彈走勢。當「母子十字」之後，若出現「中長紅」K線，開盤價開在十字線的「收盤價」之上；收盤價突破中長黑K線的高點，稱為「母子晨星」。此時，趨勢變盤反彈，就可以確認適合做多了。

## 晨星抑或夜星，端看第三根K棒現位置

但是，請看圖64-1，除了圖左「多方晨星」是做多的經典型態之外，還有一種相對偏空的三根K線組合（圖右），則是「母子夜星」。它也是由三根K線組合而成，但其意義卻是「適合做空」。

圖64-2，我們以「美吾華」（1731）為例，在圖中藍色框框之內，三根K線的第一根是中長紅的K棒，第二根卻是具有轉變意味的「十字線」，不過，由於第三根K棒是收在前兩根K線之下的中長黑K，於是形成了「母子夜星」的型態，它的意義就不是轉機，而是危機了。意味會有一段下跌的行情。

圖 64-1　圖左「母子晨星」型態適合做多，圖右「母子夜星」型態則適合做空。

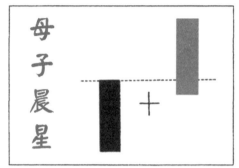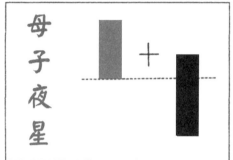

（繪圖：方天龍）

圖 64-2　以「美吾華」（1731）為例，「母子夜星」的型態意味會有一段下跌的行情。

（資料來源：XQ 全球贏家）

# 65 「飛鴿歸巢」的訊號

重點提問：「飛鴿歸巢」的型態，代表什麼意義呢？

　　飛鴿歸巢和「母子型態」很像，但它的兩根 K 線都是黑 K，而不是紅 K。當下降趨勢中，出現一根「中長黑」K 線，原本是延續這個下降趨勢，但第二根 K 線為「中小黑」K 線，價格上矮了前一根黑 K 一截，並且被包在前一根 K 線的實體範圍，型態上顯示先前跌勢已趨緩和。如果下一根 K 線出現帶量長紅，高點越過第二根 K 線，則可確認多空位置將「換人做做看」。

## 包覆再突破，型態明顯由空翻多

　　請看圖 65-1，這是「飛鴿歸巢」的經典型態。三根 K 棒組合中最後一根是長紅的，並且突破前兩根黑線的高點，意味著股價適合往「多方」發展。

　　圖 65-2，以「軒郁」（6703）為例，「飛鴿歸巢」的型態之後，往往有一段上漲的行情。這種 K 線組合是在一段下跌的行情中變化而來。它所以被稱為「飛鴿歸巢」，有點「倦鳥知返」、「由空轉多」的意思。當然，關鍵就在第二根 K 線在第一根 K 線的包覆之內，而第三根又要能突破第一根 K 線高點。

圖 **65-1** 「飛鴿歸巢」的經典型態。

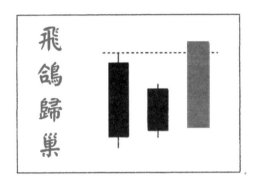

（繪圖：方天龍）

圖 **65-2** 以「軒郁」（6703）為例，「飛鴿歸巢」的型態之後，往往有一段上漲的行情。

（資料來源：**XQ** 全球贏家）

# 66 「曙光初現」的訊號

重點提問：「曙光初現」和「貫穿線」的型態，有什麼不同呢？

　　「曙光初現」就是「貫穿線」。「曙光初現」的技術線型，在日本及西方技術分析學家的眼中，即稱為「貫穿線」。不論在日線圖或5分鐘線的下降趨勢中，一根「中長黑」之後，出現一根開低的「中長紅K線」，看似延續空頭氣勢，其實當後面一根K棒「開盤價」低於前一根中長黑K線的「最低價」，然後價格拉升，貫穿前一根中長黑K線「實體」的中點上方，這種型態的特徵於是產生。

## 多頭急救援，反擊空軍部隊

　　請看圖 66-1，這是「曙光初現」的經典型態。顯示多頭低檔反擊，下跌行情已微露曙光，乃見底回升，所以叫做「曙光初現」，這是與「烏雲罩頂」（空頭K線組合）剛好相反的對應型態。第二根5分鐘紅K棒，如果成交量放大，則趨勢即將反轉，獲得確認。

　　圖 66-2，以「北極星藥業-KY」（6550）為例，圖中框起來的兩根K線組合是在一段下跌的行情中，一黑一紅，紅K把黑K貫穿。這樣的組合就是踩了煞車，並且將股價翻揚救起的一個小波段。

圖 66-1　「曙光初現」的經典型態。

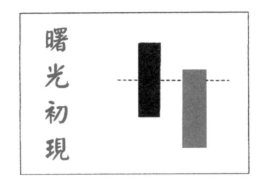

（繪圖：方天龍）

圖 66-2　以「北極星藥業-KY」（6550）為例，圖中兩根 K 棒讓行情有了反彈機會。

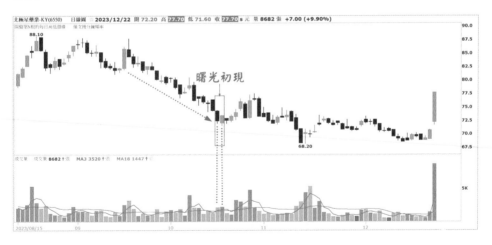

（資料來源：XQ 全球贏家）

# 67 「三線晨星」的訊號

重點提問：「三線晨星」有什麼特徵呢？

在日線圖或 5 分鐘線圖中的「三線晨星」，簡稱「晨星」，用三根線形來認定頭部與底部。基本上它是底部反轉型態，第一根 K 線是「中長黑」；第二根 K 線是一根「實體短小」且「向下跳空」的變盤線或止跌 K 線。第三根則是要跨越第二根 K 線的收盤價或高點。這種實體短小的線形，出現在長線形之後，通常稱為「星形」。換句話說，星形是出現在長線形之後的跳空小線形。

## 黑、紅、紅，中間星形也可以是小黑

所謂「星形」，可以是小紅線或小黑線。如果是小紅實體，稱為「陽線晨星」；如果是小黑實體，稱為「陰線晨星」。請看圖 67-1，這就是「三線晨星」的經典造型。除了小紅線或小黑線之外，星形還有幾種「衍生型態」，包括鎚子線、倒狀鎚子、墓碑十字、十字星和上十字線等。至於圖 67-2，我們以「漢翔」（2634）為例，三根 K 線黑、紅、紅，中間的星形也可以是小黑。但第三根為「中長紅」，價格要深入第一根中長黑的實體之上，這種型態可說是一種很強的「轉折 K 線」。

圖 67-1 「三線晨星」的經典造型。

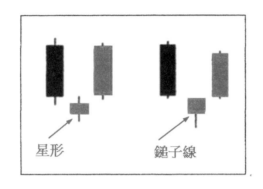

星形　　　　　　鎚子線

（繪圖：方天龍）

圖 67-2 以「漢翔」（2634）為例，圖中框起來的就是「三線晨星」型態。

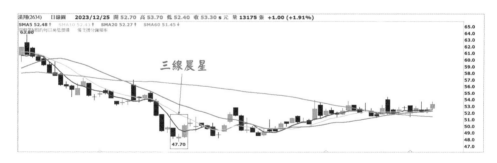

三線晨星

（資料來源：XQ 全球贏家）

# 「破曉雙星」的訊號

**重點提問：帶量中長紅 K 線吃掉兩根變盤線才是「破曉雙星」。**

　　「破曉雙星」也是一種轉折訊號。在 4 根 K 棒的組合型態中，雙十字星 K 線是一種人為的 K 線型態。主力做出這種 K 線的心態，是為了洗盤、作量、吃貨，以及蘊釀攻勢，基本上屬於一種調整型態。其往上或往下的波動，完全取決於下一根 5 分鐘的 K 線走勢變化。在 5 分鐘線的下跌趨勢中，一根「中長黑 K 線」之後，連續出現兩根或兩根以上的「星形十字」K 線，是屬於多空轉折的變盤訊號。

## 中長紅要吃掉變盤線，才能轉強

　　這兩根變盤線，可以並排、或高或低。如果是「跳空」，就更容易形成轉折變盤。重要的是雙十字星 K 線之後，要出現帶量中長紅 K 線，並吃掉兩根變盤線，才稱為「破曉雙星」。請看圖 68-1，「破曉雙星」的造型，就長成這樣。在圖 68-2 中，我們以「嘉澤」（3533）為例，在 5 分鐘線圖中出現「破曉雙星」的時候，通常是主力用多根黑 K 來嚇唬你，但洗盤完畢，卻有可能是止跌訊號。簡單地說，這是一種「落底反轉」的型態，象徵著股價的趨勢即將反空為多。這時我們只能找買點，而不是賣點。

圖 68-1　這是「破曉雙星」的 K 線組合型態。

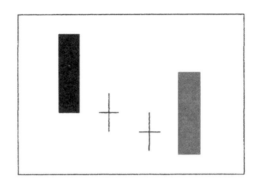

（繪圖：方天龍）

圖 68-2　以「嘉澤」（3533）為例，在 5 分鐘線圖出現「破曉雙星」，有可能是止跌訊號。

（資料來源：XQ 全球贏家）

# 69 「紅三兵」與「三隻烏鴉」

重點提問：「紅三兵」與「三隻烏鴉」有什麼不同呢？

　　説到「紅三兵」，就令我想起楊喚的詩《我是忙碌的》：「我忙於搖醒火把，我忙於雕塑自己；我忙於擂動行動的鼓鈸，我忙於吹響迎春的蘆笛⋯⋯」紅三兵就是三根紅 K 不斷擂動行動的鼓鈸、勇往直前向上攻；相反的，「三隻烏鴉」則是呈現股價不斷地往下跌，令人有不祥之感（見圖 69-1）。堅持就是力量！「紅三兵」造成多頭漲勢，自不殆言；「三隻烏鴉」造成空頭跌勢，也難以避免。

## 紅三兵，做多明顯；三隻烏鴉，參考就好

　　根據股市前輩王錦樹先生對台股的實證研究結果：傳統「空頭三黑鴉」先漲再跌、由多轉空的反轉型態，並不顯著（接下來的行情，有可能變成持續橫向盤整），但「多頭三紅兵」先跌再漲、由空轉多的反轉型態，倒是與實證結果相符，也就是說，先前股價下跌後來就真的變反轉向上了。

　　請看圖 69-2，我們以「英業達」（2356）的多次「紅三兵」來看，也確實如此。紅三兵，就如百萬雄師一般，不斷擂動行動的鼓鈸、勇往直前向上攻，最終就攻上了山頭！

圖 69-1　左為「紅三兵」、右為「三隻烏鴉」的經典型態。

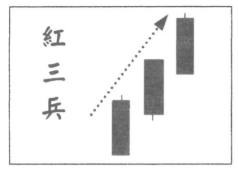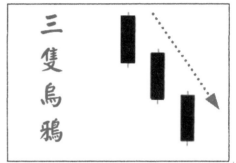

（繪圖：方天龍）

圖 69-2　「紅三兵」連續性攻擊、做多型態的可信度極高。

（資料來源：XQ 全球贏家）

# 70 「南方三星」與「大敵當前」

重點提問：「南方三星」是一種什麼訊號？「大敵當前」又是什麼訊號呢？

「南方三星」（見圖 70-1）是一種下降趨緩、底部越墊越高的局面。第一根 K 線為帶有很長下影線的「長黑線」，第二根是下影線較短的「中長黑線」，最低價已高於第一根 K 線的最低價。看來賣盤逐漸削弱。第三根 K 線為短小的「黑色實體」，不論起始和收尾，都位於前一根 K 線的價格區，已有打底跡象。如果第四根 K 線帶量上漲，出現新高價，越過第二根 K 線高點，就會形成多頭反轉。

## 「南方三星」要做多；「大敵當前」會轉空

「大敵當前」和「南方三星」很有「對應」的態勢。請看圖 70-2，以「新美齊」（2442）為例。它在圖中❶❷❸的上升走勢，都連續出現三根「中長紅」K 線，但上影線變長、實體縮短，且第二根與第三根紅 K 線收盤價變動不大，彷彿「大敵當前」，有「止漲」的訊號。在上漲過程中，顯示疲態，代表買進的力道轉弱或賣壓轉強，是即將變盤反轉的訊號。總結地說，「南方三星」是準備做多的型態；「大敵當前」則是有疑慮的做多型態，接下來要小心出現反轉做空的黑 K。

圖 70-1　左為「南方三星」型態，要做多；右為「大敵當前」型態，會轉空。

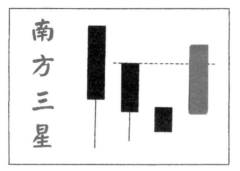 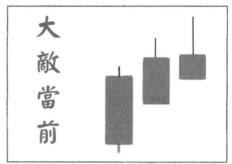

圖 70-2　以「新美齊」（2442）為例，它在圖中❶❷❸都有「大敵當前」的訊號。

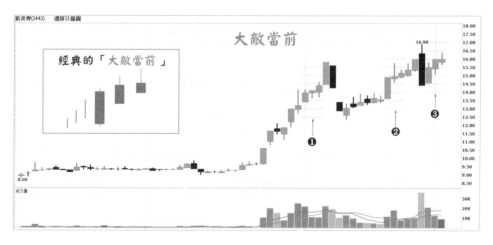

# 71 「突破天庭」的訊號

重點提問：「突破天庭」是做多的訊號嗎？如何解讀？

在 5 分鐘線圖的下跌趨勢或中波段回檔整理，一根「長黑 K 線」之後，出現「倒狀鎚子」或「墓碑十字」，且位在第一根長黑 K 線的實體範圍 。這時量能萎縮到最小，隱然顯示整理結束的訊號，這樣的 K 線排列一旦形成，第三根 5 分鐘線的 K 線又「開高」（跳空開高更好）、「量大」（出現攻擊量），收中長紅，並且突破前兩根 5 分鐘線的高點，稱為「突破天庭」。

## 「天庭」一旦突破，後市自然看多

出現「突破天庭」，趨勢就會翻空為多，接下來如果再出現中長紅，則趨勢走多，就更不用懷疑了。請先看圖 71-1，這是經典的「突破天庭」的做多型態。再看圖 71-2，我們以「宏碁」（2353）為例，它的五分鐘線圖就曾出現過「突破天庭」的型態。在圖中框起來的三根 K 棒中，第一根是中長黑，看起來似乎準備破底了，然而，第二根卻沒有破第一根的底，而是「倒狀槌子」，接下來一根中長紅的 k 棒竟用力衝高，突破第一根黑 K 的高點，這就形成強大的多頭反擊力量，所以是做多的訊號。

圖 71-1 「突破天庭」是做多的經典型態。

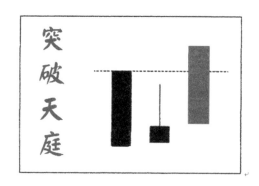

（繪圖：方天龍）

圖 71-2 以「宏碁」（2353）為例，出現「突破天庭」型態，後市就看多。

（資料來源：XQ 全球贏家）

# 72 「雙鎚打樁」的訊號

**重點提問：「雙鎚打樁」是做多的訊號嗎？如何解讀？**

在日線圖或 5 分鐘線的下跌波末端，出現一根「鎚子線」，稱為「地樁線」。代表可能不再下跌了，接下來的走勢可能反轉。如果是底部區連續出現兩根「鎚子線」，且第二根鎚子線的最後價格，比第一根鎚子線的最後價格高，稱為「雙鎚打樁」，為趨勢轉強反彈訊號。兩根鎚子線之間，若有跳空缺口，則反彈走勢更強。在「雙鎚打樁」之後，如果出現「中長紅」K 線，則趨勢反轉就確認了。

## 「打樁」連續敲，做多地基牢

請看圖 72-1，這是經典的「雙鎚打樁」的做多型態。不論是兩根紅 K 或一黑一紅，它們都有長下影線的特徵，這就是所謂的「鎚子線」，打在底部區，自然是比較穩定的地樁。兩根 K 線必須後一根的高點與低點都高於第一根才行。再看圖 72-2，我們以「台表科」（6278）為例，在日線圖中框起來的兩根紅 K 棒，都有長下影線且位於下跌區的末端。當出現這樣的「雙鎚打樁」K 線組合之後，後來的一根「中長紅」K 線，更確認了趨勢的反轉（連第四根都收紅），證明它是做多的訊號無誤。

圖 72-1　經典的「雙鎚打樁」的做多型態。

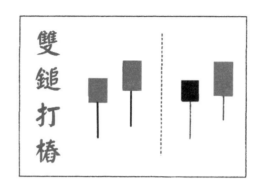

（繪圖：方天龍）

圖 72-2　以「台表科」（6278）為例，在日線圖中框起來的兩根紅 K 棒，就是「雙鎚打樁」。

（資料來源：XQ 全球贏家）

# 73 「三線反紅」與「三線反黑」

重點提問：「三線反紅」與「三線反黑」各有不同的意義嗎？

　　「三線反紅」是在下降趨勢中，連續三根小黑 K 線之後，出現一根帶量「中長紅 K 線」，將此三根小黑 K 線完全吞噬，稱為「三線反紅」（見圖 73-1 左），而「三線反黑」是上漲走勢中，連續三根小紅 K 線之後，出現一根「中長黑」K 線，將此三根小紅 K 線完全吞噬，稱為「三線反黑」（見圖 73-1 右）。「三線反紅」與「三線反黑」，前者是做多訊號，後者則是由多轉空的徵兆。

## 中長黑 K 破底，就是逃命線

　　做多比較常見，我們來看看「三線反黑」的案例。請看圖 73-2，這是以「台表科」（6278）為例，在日線圖中框起來的四根 K 棒，前三根都是上升中的紅 K，第四根則是由高處墜落的中長黑。它的低點且跌破了前三根紅 K 的底部。這是漲多後的獲利回吐訊號，也是頭部反轉或中級回檔訊號，常見於中大型股。如果這樣的中長黑 K 線低點被跌破，那麼趨勢將走跌轉空，獲得確認。短線縱有反彈，也都是逃命點。我們印證圖 73-2 的走勢，確實有一段深深的跌幅。面對「三線反黑」，不可不慎！

圖 73-1　左為「三線反紅」、右為「三線反黑」的經典型態。

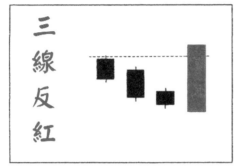 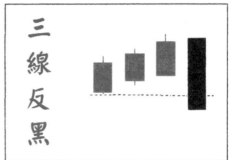

（繪圖：方天龍）

圖 73-2　以「台表科」（6278）為例，在日線圖中框起來的四根 K 棒，就是「三線反黑」組合型態。

（資料來源：XQ 全球贏家）

# 74 「多頭遭遇」與 「空頭遭遇」

重點提問：「多頭遭遇」與「空頭遭遇」的「遭遇」是什麼意思？會有什麼結果？

在下跌走勢中，一根下殺的中長黑 K 之後，往下再跳空開低、股價走高，收中長紅，**最後這兩根 K 線的收盤價剛好碰上了，形同相互對峙的遭遇戰**，稱為「多頭遭遇」，又叫做「止跌線」（見圖 74-1 左）。相反的，上漲走勢中，一根 K 線約與前一根中長紅 K 線差不多的長度，向上跳空，但是開高收低，最後「收盤價」下跌到前一根 K 棒的最後價格附近，稱為「空頭遭遇」（見圖 74-1 右）。「遭遇」是兩線**的收盤價**碰上之意。

## 收盤價碰觸，多空產生電光石火

請看圖 74-2，以「台產」（2832）為例，圖中的❶、❷、❸、❹四處，都各有兩根 K 棒，這是用電腦軟體跑出來的、與「多頭遭遇」相似度 90.77％的結果。其中相似度最高的應該是❸，因為前後一黑、一紅的長度差不多、方向相反，但收盤價卻碰上了。這種「遭遇」戰，雖然沒有「貫穿線」那麼強勢做多的架式，但一碰上就產生電光石火，到最後總會分出高下。根據筆者的看盤經驗，後一根是紅 K，則是做多優勝的結果居多；後一根是黑 K，則是做空優勝的結果居多。讀者可以多加體驗！

圖 74-1　左為「多頭遭遇」、右為「空頭遭遇」的經典型態。

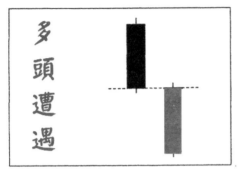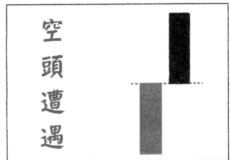

（繪圖：方天龍）

圖 74-2　以「台產」（2832）為例，❶❷❸❹的各兩根 K 棒，都極類似「多頭遭遇」。

（資料來源：XQ 全球贏家）

# 75 「一星二陽」與「一星二陰」

**重點提問：「一星二陽」與「一星二陰」是什麼訊號呢？如何解讀？**

　　大凡「十字線」或「紡錘線」，短短的，都叫做「星」。這是「星形」的意義。「一星二陽」是在兩根紅 K 之間，夾帶一根「星線」（星形的 K 線）。後一根紅 K 線的低點，要比前一根紅 K 線高。而此星線夾在兩根紅 K 線高低點之間，稱為「一星二陽」（見圖 75-1 左）。同樣的，在下跌走勢中，兩根黑 K 夾一個星線，後一根黑 K 跌破前一根黑 K 的低點，這三線組合就叫「一星二陰」（見圖 75-1 右）。

## 兩陰夾一星，還會跌下一大段

　　「一星二陽」是上漲趨勢常見的「中繼型態」，表示上漲趨勢仍將持續不變，逢回應積極介入，找買點做多。但一星二陰是「一星二陽」的「對應型態」，為下跌趨勢中常見的中繼型態，表示原來的跌勢仍將持續不變，反彈時星線的位置即是反壓點，這時最好是賣出股票。請看圖 75-2，這是以「雙鴻」（3324）為例，圖中「一星二陰」三線組合之後，果然下跌了一大段。兩根陰線（中長黑 K）中間夾了一個小「紡錘線」，表示這是下跌的「中繼站」，後市還有得跌！

圖 75-1　左為「一星二陽」、右為「一星二陰」的經典型態。

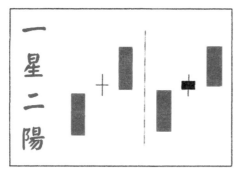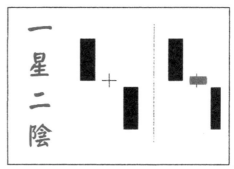

（繪圖：方天龍）

圖 75-2　以「雙鴻」（3324）為例，圖中「一星二陰」之後，下跌了一大段。

（資料來源：XQ 全球贏家）

# 76 「起漲階梯」的訊號

**重點提問：「起漲階梯」是什麼意思呢？如何解讀？**

    在日線圖或 5 分鐘線的上漲趨勢中，一根紅 K 線之後，出現「黑 K 線」，此黑 K 線之低點，在紅 K 線高點附近；第三根 K 線再出現「紅 K 線」，此紅 K 線之低點，亦在黑 K 線的高點附近，一價比一價高，狀似階梯，稱為「起漲階梯」。西方的技術分析，稱為「多頭隔離線」。請看圖 76-1，這是「起漲階梯」的經典型態。起漲階梯為上升趨勢的中繼點，屬多方中繼走強訊號。當第二根紅 K 線的「高點」被突破，而「低點」回測不破時，趨勢將會繼續上漲。這時我們的心態就必須做多了。

## 一階一階的跳空，飆股起手式

    請看圖 76-2 的案例：「凱碩」（8059）是 2023 年年底最飆的、連續跳空上漲的「階梯式起漲」強勢股。它從 2023 年 12 月 20 日起漲（當天收 15.35），才經過 6 個交易日，2023 年 12 月 28 日就跳到 24.9 的高點，漲幅 162.21%，堪稱是飆股中的飆股。其間甚至連一個黑 K 都沒有！當 IC 設計族群百花齊放時，「凱碩」雖然 2023 年第 3 季的 EPS 是負的，但因股本才 19.1 億，且受惠於低軌衛星及網通基礎建設持續走揚的題材，加上集團作帳、特定主力加持的優勢，股價續強。

圖 76-1 「起漲階梯」的經典型態。

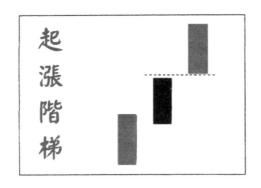

（繪圖：方天龍）

圖 76-2 「凱碩」（8059）是近期最飆的連續跳空上漲的「階梯式起漲」
強勢股。

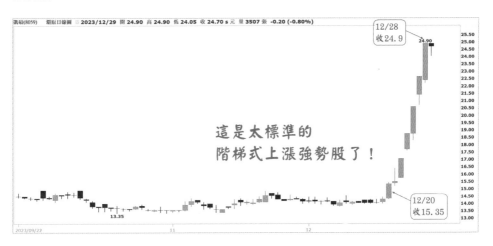

（資料來源：XQ 全球贏家）

# 77 「上揚三法」與「下降三法」

重點提問：「上揚三法」與「下降三法」有什麼不同？如何解讀？

　　股價在上漲過程中，出現一根順勢「長紅線」，其後連續三根 K 棒都出現逆勢下跌的小黑線，但都沒跌破長紅線的低點，而又價跌量縮。等下一根「陽線」再出現，且突破長紅線高點，趨勢將順勢再漲。這就是適合做多的「上揚三法」（見圖 77-1 左）。如果是下跌過程中，一根「長黑線」之後，出現三天整理走勢的「休息行情」，然後再繼續下跌，這是適合做空的「下降三法」（見圖 77-1 右）。

## 三天經驗法則，股價量縮待變

　　不論「上揚三法」或「下降三法」，其中的三根短 K 線，通常是「中繼站」，有時不一定是三根，也許四根、五根都有可能。通常在這段「休息」的時間內，都會「量縮待變」。請看圖 77-2，這是以「王品」（2727）為例，「上揚三法」K 線型態，帶來了上攻力量。圖中框起來的這四根 K 線，第一、第四根都是紅 K，中間三根都是黑 K，代表股價在盤整休息中。一旦第四根放量上攻，跨越第一根紅 K 的高點，表示已經休息夠了，型態形成「上揚三法」的格局，股價就會續漲。

圖 77-1　左為「上揚三法」、右為「下降三法」的經典型態。

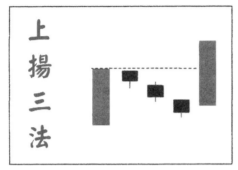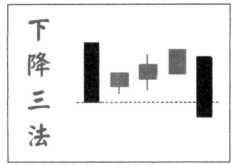

（繪圖：方天龍）

圖 77-2　以「王品」（2727）為例，「上揚三法」K 線型態，帶來了上攻力量。

（資料來源：XQ 全球贏家）

PART

6

當沖實戰的
贏家思維

# 78 用「快速 KD」早一步 預見買賣點

**重點提問**：可否請教老師 2023 年 12 月 25 日選擇「群創」股期的 操作思維為何？

　　股期當沖也是當沖，股期隔日沖也是隔日沖，股票和股期這兩者 的操作思維，其實沒有什麼不同。我當天選擇「群創」作隔日沖的標 的，是因為觀察股票的輪動極快，面板這一塊也差不多該輪到了。當 時友達已連紅 4 天，所以相關族群由弱轉強，是我的第一個考量，其 次，我覺得「群創」股性比較活潑，且只紅了三天，基期還算低。所 以我就買進，並且隔日沖之外，也做了一部分當沖。

## 比 KD 快一步，預見多空方向

　　我要說的是，當指標尚未發生結果時，就要有點「想像力」才 行。請看圖 78-1，圖中的❶❷是我做「群創」隔日沖的兩天。「快速 KD」是個好工具。當它超過 80 形成鈍化時，我們就要有「預見」能 力。這樣操盤才會快人一步。「快速 KD」的值將會在 0 與 100 之間 振盪來回，我們通常就是利用這兩條線的交叉及變化情形來判斷行情 走勢，以做買賣進出的參考。圖 78-2 是我 2023 年 12 月 26 日的股期 成績單，因為入金 30 萬，只能買「低保證金」的標的。一天賺 41,900 元，報酬率也將近 14% 了。

**圖 78-1 用「快速 KD」預見股價鈍化的可能性，可判斷多空方向。**

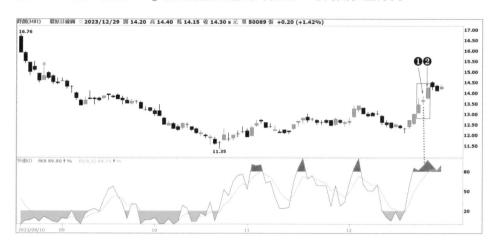

（資料來源：XQ 全球贏家）

**圖 78-2 作者方天龍的「群創」股期隔日沖成交單。**

| 成交日期 | 買賣別 | 商品名稱 | 口數 | 成交價 | 損益 |
|---|---|---|---|---|---|
| 2023/12/25 | 買進 | 群創期01 | 1 | 13.6500 | |
| 2023/12/26 | 賣出 | 群創期01 | 1 | 14.3500 | 1,400.00 |
| 2023/12/25 | 買進 | 群創期01 | 1 | 13.6500 | |
| 2023/12/26 | 賣出 | 群創期01 | 1 | 14.3500 | 1,400.00 |
| 2023/12/25 | 買進 | 群創期01 | 1 | 13.6500 | |
| 2023/12/26 | 賣出 | 群創期01 | 1 | 14.3500 | 1,400.00 |
| 2023/12/25 | 買進 | 群創期01 | 1 | 13.6500 | |
| 2023/12/26 | 賣出 | 群創期01 | 1 | 14.3500 | 1,400.00 |
| 2023/12/25 | 買進 | 群創期01 | 1 | 13.6500 | |
| 2023/12/26 | 賣出 | 群創期01 | 1 | 14.3500 | 1,400.00 |
| 2023/12/25 | 買進 | 群創期01 | 1 | 13.6500 | |
| 2023/12/26 | 賣出 | 群創期01 | 1 | 14.3500 | 1,400.00 |
| 2023/12/25 | 買進 | 群創期01 | 1 | 13.6000 | |
| 2023/12/26 | 賣出 | 群創期01 | 1 | 14.3500 | 1,500.00 |
| 2023/12/25 | 買進 | 群創期01 | 1 | 13.6000 | |
| 2023/12/26 | 賣出 | 群創期01 | 1 | 14.3500 | 1,500.00 |
| 2023/12/25 | 買進 | 群創期01 | 1 | 13.6000 | |
| 2023/12/26 | 賣出 | 群創期01 | 1 | 14.3500 | 1,500.00 |
| 2023/12/25 | 買進 | 群創期01 | 1 | 13.6000 | |
| 2023/12/26 | 賣出 | 群創期01 | 1 | 14.2000 | 1,200.00 |
| 2023/12/25 | 買進 | 群創期01 | 1 | 13.6000 | |
| 2023/12/26 | 賣出 | 群創期01 | 1 | 14.2000 | 1,200.00 |
| 2023/12/25 | 買進 | 群創期01 | 1 | 13.6000 | |

本截圖為成交單最後一頁

本日淨利

| 台幣 | 41,900.00 | 美元 | 0.00 | 人民幣 | 0.00 | 日幣 | 0.00 | 交易口數 | 60 |

（截圖：方天龍的成交單）

# 79 用 3 分鐘線做當沖，一覽無遺

重點提問：可否請教老師 2023 年 12 月 27 日您是如何操作「宏碁」
股期呢？

　　常常有人問我，做當沖的各種「參數」。其實是不一定的。我也
常常變來變去，以適應各種盤勢。我認為，提升當沖勝率的祕密，主
要在於事先做了功課。因為當沖操作有三種典型：❶大戶操盤（容易
贏的典型）。因為他的龐大資金可以讓線型急轉彎。❷賭徒操盤（容
易輸的典型）。不準備功課，臨場的動作毫無根據，出手都是猜謎。
❸研判操盤（小資族自力救濟的方法，臨場判斷是最重要的）。

## 有空看 3 分鐘圖，沒空就看江波圖

　　請看圖 79-1，我主要用的是 3 分鐘線圖，因為它可以把一檔股票
的走勢在一頁中一覽無遺，不需要翻頁。然後在盤中把開盤價和關鍵
價位高低點記下來，這樣就有所依循了。開盤價之上做多，開盤價下
做空。然後臨場隨機應變。當沖太多股票時，就只能看江波圖了，也
就是「分時走勢圖」。圖 79-2 是我 2023 年 12 月 27 日的股期成績
單，當天總共做了 88 口當沖。以 30 萬的資金來衡量，股期當沖一天
賺 45,350 元，報酬率也有 15.11％了。

**圖 79-1 看著「宏碁」股票做股期，記下開盤價和關鍵價位很重要。**

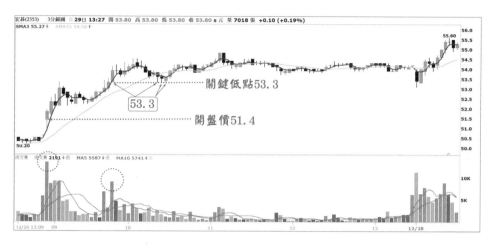

關鍵低點53.3

53.3

開盤價51.4

（資料來源：XQ 全球贏家）

**圖 79-2 作者方天龍 2023 年 12 月 27 日的「宏碁」股期當沖成交單。**

| 成交日期 | 買賣別 | 商品名稱 | 口數 | 成交價 | 損益 |
|---|---|---|---|---|---|
| 2023/12/27 | 買進 | 元太期01 | 1 | 200.5000 | |
| 2023/12/27 | 賣出 | 宏碁期01 | 1 | 54.1000 | 200.00 |
| 2023/12/27 | 買進 | 宏碁期01 | 1 | 54.0000 | |
| 2023/12/27 | 賣出 | 宏碁期01 | 1 | 54.1000 | 400.00 |
| 2023/12/27 | 買進 | 宏碁期01 | 1 | 53.9000 | |
| 2023/12/27 | 賣出 | 宏碁期01 | 1 | 54.1000 | 600.00 |
| 2023/12/27 | 買進 | 宏碁期01 | 1 | 53.8000 | |
| 2023/12/27 | 賣出 | 宏碁期01 | 1 | 54.1000 | 600.00 |
| 2023/12/27 | 買進 | 宏碁期01 | 1 | 53.8000 | |
| 2023/12/27 | 賣出 | 宏碁期01 | 1 | 54.1000 | 600.00 |
| 2023/12/27 | 買進 | 宏碁期01 | 1 | 53.8000 | |
| 2023/12/27 | 賣出 | 宏碁期01 | 1 | 54.1000 | 600.00 |
| 2023/12/27 | 買進 | 宏碁期01 | 1 | 53.8000 | |
| 2023/12/27 | 賣出 | 宏碁期01 | 1 | 54.1000 | 1,000.00 |
| 2023/12/27 | 買進 | 宏碁期01 | 1 | 53.6000 | |
| 2023/12/27 | 賣出 | 宏碁期01 | 1 | 54.1000 | 1,400.00 |
| 2023/12/27 | 買進 | 宏碁期01 | 1 | 53.4000 | |
| 2023/12/27 | 賣出 | 宏碁期01 | 1 | 54.1000 | 1,400.00 |
| 2023/12/27 | 買進 | 宏碁期01 | 1 | 53.4000 | |
| 2023/12/27 | 賣出 | 宏碁期01 | 1 | 54.1000 | 1,400.00 |
| 2023/12/27 | 買進 | 宏碁期01 | 1 | 53.4000 | |
| 2023/12/27 | 賣出 | 宏碁期01 | 1 | 53.9000 | 400.00 |
| 2023/12/27 | 買進 | 宏碁期01 | 1 | 53.7000 | |

本日淨利

| 台幣 | 45,350.00 | 美元 | 0.00 | 人民幣 | 0.00 | 日幣 | 0.00 | 交易口數 | 88 |

（截圖：方天龍的成交單）

# 80 「反轉紅 K」也會有當沖失敗的案例嗎？

**重點提問：老師，我的「大亞」股期做多當沖失敗，是何原因？**

　　2023 年 12 月 29 日您做多操作當沖，起先是沒有錯的，因為做股期有時候是必須參考股票走勢的。股期雖然比股票早 15 分鐘開盤，不過，它只是「衍生性金融商品」，有時真正主導盤勢的大咖是著重在股票上，股期的走勢反而是跟進股票起伏。所以，避免「股票試撮」有假，股期操作者多不敢躁進，以免股票試撮漲停、開盤後卻變成盤下。那股期在 9 時前就已經追高買進者，就慘了！

## 過往的慣性，主力喜歡反市場操作

　　請看圖 80-1，12 月 28 日的「大亞」（1609）確實是做多型態的「反轉紅 K」沒有錯，不過，操作次日的當沖，它開高後未必就一定會走高，所以當沖客該做多或做空，仍必須加以判斷。您 12 月 29 日先買後賣，失敗的主因是：❶主力逆勢而行，故意反市場操作坑殺散戶。❷該股的慣性，主力在長紅之後通常喜歡反手殺出，造成黑 K。❸主力拉高之後，突然殺下，跌破開盤價或均價線（圖 80-2 的紫線）。❹盤中拉高的 28 口之後，就沒有較大量的交易口數了，表示買氣太弱了，宜空不宜多。

圖 80-1 「大亞」12 月 28 日的反轉紅 K 雖意味做多,但 12 月 29 日開高未必走高。

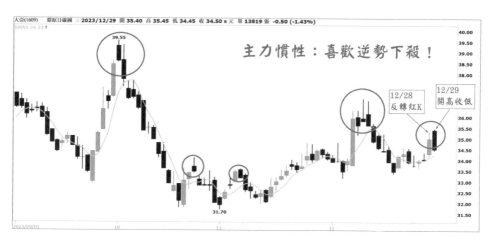

（資料來源：XQ 全球贏家）

圖 80-2 「大亞」股期開盤之後,主力也可能拉高出貨。關鍵在是否跌破開盤價及均價線。

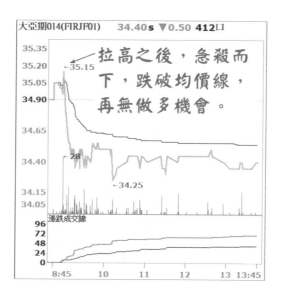

（資料來源：XQ 全球贏家）

# 81 盯緊相關族群走勢，何妨聲東擊西

**重點提問：2023 年 12 月 22 日「榮剛」的當沖，怎麼知道要做空？**

我們不要看新聞做股票，因為利多消息往往是公司派已「買好買滿」一段時日、準備出貨時發布的。但看新聞也有好處，尤其集團股、熱門股相關族群的新聞，因為相關族群也常有互為消長的關係。2023 年 12 月 22 日「榮剛」（5009）的當沖，怎麼知道做空？請看圖 81-1，「榮剛」在 12 月 22 日之前的 5 根 K 線，在中長紅之後連續橫盤五天、量逐日縮小，為何開高爆量上攻之後反而收長黑呢？

## 智冠跌停鎖死，牽動榮剛下殺收黑

遊戲通路龍頭「智冠」經營權之爭開打，引進「榮剛」換股結盟，引發智冠大股東之一的網銀國際不滿，不排除展開法律行動。有爭議的消息見報已在盤後。盤前很多人都希望尚未大漲的榮剛，能像智冠之前那樣大漲特漲。沒想到事與願違，榮剛在跳空開高甚至拉到 54.3 的高點，卻以大跌（-4.35％）收盤。其實，當沖高手會看「智冠」做「榮剛」。請看圖 81-2，原來「智冠」一開盤就跌停鎖死，「榮剛」正好可以在高檔放空！只要觀察 10 幾分鐘「智冠」沒有打開跌停，放空「榮剛」就穩贏了。

圖 81-1　「榮剛」（5009）在橫盤 5 日之後突然爆量收黑，事出有因。

圖 81-2　高手會看「智冠」（5478）跌停，而放空「榮剛」（5009）。

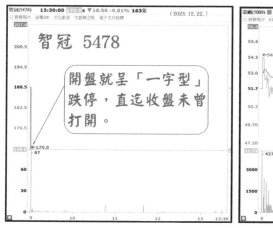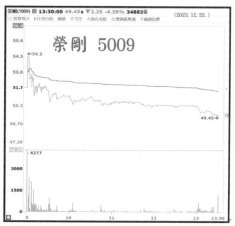

# 82 抄底撿便宜，不是當沖該演的戲！

重點提問：老師，「高端疫苗」已經連跌 16 個月了，是否可以逢低買進？

　　如果旨在當沖，目標是振幅大的股票、賺取價差，而不是撿便宜。歷來人為炒作的股票，都是「怎麼上去，就怎麼下來」（見圖82-1），遠的實例有「宏達電」（從 1,300 跌到變兩位數）、「國巨」（從 1,310 元跌到 203），近的例子有目前爭議不斷的「高端疫苗」（6547），在股價暴漲 13 倍之後，最終仍回到原點。在上攻、下殺趨勢中都可做當沖；一旦橫盤之後，就沒波動力了，所以不要去猜多空、做當沖。

## 方向不明、振幅不大的標的，乾脆放棄

　　我們看圖 82-2，當沖不是看股價已經便宜就撿，而要找方向明確的波動股。這一天（2024 年 1 月 2 日）距離「高端疫苗」2020 年 1 月 2 日的起漲點，剛好是 4 週年。看該圖右下角的「特大單」多是綠色的賣單，可見主力已不敢拉抬（尤其在選舉期間政治攻防戰中，此股已成爭議焦點），但既然已橫盤 16 個月，放空也未必有利，所以像這種上不上、下不下的股票，就別去猜它的方向。我們要找的是量價都有一定的規模、振幅也大，比較有把握能吃到價差的股票，才是王道！

圖 82-1　「高端疫苗」（6547）在股價暴漲 13 倍之後，最終仍回到原點。

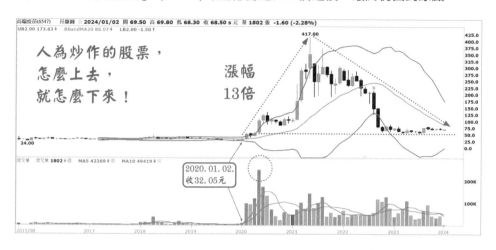

（資料來源：XQ 全球贏家）

圖 82-2　當沖不是看便宜就撿，而要找振幅夠大的波動股。

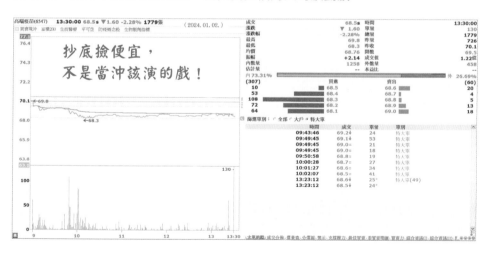

（資料來源：XQ 全球贏家）

# 83 買氣不夠、久盤必跌，當沖速戰速決！

重點提問：當沖好像拔河一樣，有時會有一段雙方僵持不下的局面，
　　　　　這時該怎麼做？

　　請看圖 83-1，我們直接以「精材」（3374）為例，當股價走勢陷
入多空僵持不下時，不妨觀察逆勢操作系統（CDP）賣出點位。圖中
的 CDP 賣出點（139.75），約略和當天的最大量高點（140）差不多
位置，主力顯然看出買氣不夠、衝高無望，於是向下操作。這時，如
果我們見狀，可以先試單放空，直到股價明顯走下坡路，即加碼放
空，然後就坐等股價跌下，再進行空單回補。

## 割喉戰，跌破頸線就停損或放空

　　再看圖 83-2，以「台半」（5425）為例，這一檔股票也是一樣，
在衝高、滑下之後，多空雙方糾結了一陣子，終因久盤不上，而股價
在 98 的價位賣單掛出太多，多頭難以突破，股價遂毅然向下尋求支
撐。當您猶豫不決的時候，要記得觀察前面的型態，「頸線」在哪
裡？一旦跌破這個「頸線」就表示空方已取得了優勢，多頭再戰已不
會有效果。所以，可先觀察「交易明細」中的賣方，有沒有強大的大
單？多頭的買單能否與之抗衡？如果不行，就早早停損或放空，以免
慘遭重大損失。

**圖 83-1** 以「精材」（3374）為例，多空僵持不下時，不妨觀察 CDP 賣出點位。

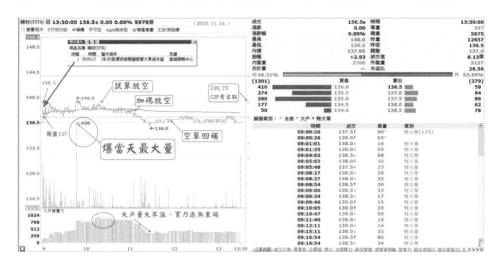

（資料來源：XQ 全球贏家）

**圖 83-2** 以「台半」（5425）為例，久盤必跌，宜早早停損或放空。

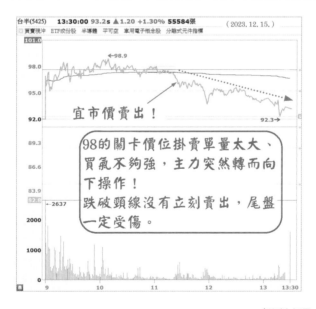

（資料來源：XQ 全球贏家）

# 84 當沖賺得快，隔日沖賺得多

重點提問：老師操作股票期貨用每天獲利兩萬元作標準，我覺得達標很難耶，怎麼辦到呢？

我一直強調股票當沖做得好，股期就做得好。現股當沖的當沖、隔日沖，和股期原理是一樣的。但是，股期的槓桿比較大，最好別想一步登天。我都是入金 30 萬來操作，賺多了，就把利潤抽出來，才會安全。但由於「當沖賺得快、隔日沖賺得多」，所以要想獲利兩萬元，就必須有一部分是隔日沖作墊底，才容易做到。小資族做股期，最好以「低保證金」的標的為首選，才不會壓力太大。

## 高出低進、步步為營，減免留倉的風險

請看圖 84-1，這是我 2024 年 1 月 2 日的成交單中，有關「陽明」股期的部分操作。12 月 29 日之後有三天假期，所以留倉有些冒險。所幸開年第一天很幸運，雖然大盤大跌，我的五口「陽明」股期，卻開盤就獲利下車了，損益是 31,400 元，接著，我做了一樣五口的當沖，小賺 4,000 元。同樣五口，利潤卻差這麼多！請看圖 84-2，我認為股期一段一段地做比較安全。所以當天我尾盤又以相對低價接回五口了。一路抱到底雖然獲利驚人，但太危險了！因為股期槓桿大，留倉會有系統性風險。

圖 84-1　作者現身説法，隔日沖的獲利明顯高於當沖。

| 成交日期 | 買賣別 | 商品名稱 | 口數 | 成交價 | 損益 |
|---|---|---|---|---|---|
| 2024/01/02 | 賣出 | 陽明期01 | 1 | 54.8000 | 5,400.00 |
| 2023/12/29 | 買進 | 陽明期01 | 1 | 52.1000 | |
| 2024/01/02 | 賣出 | 陽明期01 | 1 | 54.8000 | 5,400.00 |
| 2023/12/29 | 買進 | 陽明期01 | 1 | 52.1000 | |
| 2024/01/02 | 賣出 | 陽明期01 | 1 | 54.8000 | 5,400.00 |
| 2023/12/29 | 買進 | 陽明期01 | 1 | 52.1000 | |
| 2024/01/02 | 賣出 | 陽明期01 | 1 | 54.8000 | 5,600.00 |
| 2023/12/29 | 買進 | 陽明期01 | 1 | 52.0000 | |
| 2024/01/02 | 賣出 | 陽明期01 | 1 | 54.8000 | 5,600.00 |
| 2023/12/29 | 買進 | 陽明期01 | 1 | 52.0000 | |
| 2024/01/02 | 賣出 | 陽明期01 | 5 | 54.1000 | 4,000.00 |
| 2024/01/02 | 買進 | 陽明期01 | 5 | 53.7000 | |

隔日沖

當沖

**同樣是五口，隔日沖賺 31,400 元，當沖卻只賺 4,000 元！**

（截圖：方天龍的成交單）

圖 84-2　「陽明期 014」庫存股賣掉後，尾盤再以相對低價買回。

| 動作 | 動作 | 買賣別 | 商品名稱 | 留倉口數 | 成交均價 | 參考現價 | 浮動損益 |
|---|---|---|---|---|---|---|---|
| 平倉 | 轉倉 | 買進 | 陽明期014 | 5 | 53.1000 | 53.4000 | 3,000.0000 |

1/2賣掉庫存股「陽明期014」，賣價為54.8。
收盤前再以相對低價53.1接回來。

（截圖：方天龍的成交單）

# 85 當沖唯快不破，6分鐘護一生！

重點提問：老師曾有一次6分鐘做當沖成功，請問可有什麼
經驗傳承？

　　天下武功，唯快不破，絕對不能拖！機會常是稍縱即逝，想東想西、怕這怕那，機會就溜走了。不過，當沖有時如進迷宮，出來才發現走了一段冤枉路。基本上，用5分鐘線圖和日線圖、分時走勢圖並列看盤，是我覺得「高勝率當沖方法」的重要因素。但「5分鐘線圖」並非惟一的標準，有時某些股票可改用15分鐘、30分鐘，甚至60分鐘線圖去觀察，可以有更寬廣的視野，更容易逮到轉折點。

## 6分鐘結束當沖，也避開了多轉空的風險

　　筆者曾做過一次現股當沖，趣稱為「6分鐘護一生」（此一廣告詞，原是指每年只要到婦產科，花六分鐘時間做子宮頸抹片檢查，就可以及早發現子宮頸癌前期病變，而保護婦女的一生）。先看圖85-1，這一天的當沖，事前並不知道開盤會如此迅速衝高，但做多當沖「快」就能安全下車！至於事後回顧才知原來做空比較容易，可以有一段長時間慢慢回補。再看圖85-2，我做當沖的這一天，居然形成這麼長的上影線！相信這正是考驗功力的時刻。動作不夠快的人，必然「6分鐘套一生」了。

圖 85-1 以「彩晶」（6116）為例，做多當沖在 6 分鐘內完成。

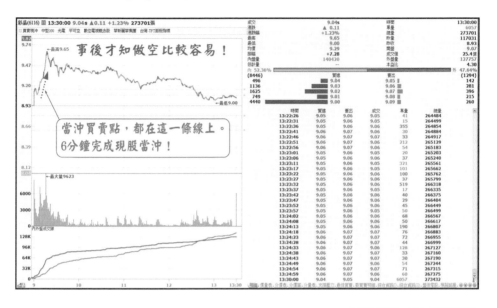

（資料來源：XQ 全球贏家）

圖 85-2 以「彩晶」（6116）為例，如此長的上影線其實做空比較容易。

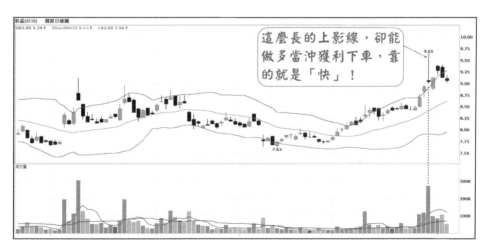

（資料來源：XQ 全球贏家）

# 86 布林通道與相對強弱指標（RSI）背離判多空

**重點提問：技術指標有沒有比較可信的「判斷多空」的方法？**

當沖最重要的是展現判斷多空、揣摩「對的」走勢方向的能力。而布林通道與相對強弱指標（RSI）的背離，常有比較可信的驗證結果。所謂的「背離（Divergence）」，也就是掌握趨勢的轉向，換句話說，通常指的是「主圖」（均線、K 線）的價格變動與「附圖」（常用的技術指標）所呈現的方向的不同。當這個現象在一段「區間」出現時，我們通常要尊重的是技術指標的方向。

## K 線型態和指標不同，會受指標較大影響

當沖雖然不比做波段需要了解型態學，但就短線來說，指標的觀察正確，也可以避免趨勢的誤判。請看圖 86-1，以「仁寶」（2324）為例，在圖上黃色塊的 K 線區間中，股價是向下沉淪的，可是 RSI 卻有向上的趨勢，這就是一種背離，其結果多半會促使股價轉為上揚。

再看圖 86-2，以「訊達」（6140）為例，圖上黃色塊的 K 線區間中，股價走平而 RSI 上揚，這也是一種「背離」。當看到這種情況，我們就必須先設想，最終會促使股價轉為上揚。

圖 86-1　以「仁寶」（2324）為例，股價和 RSI 背離，後來多半會促使股價轉為上揚。

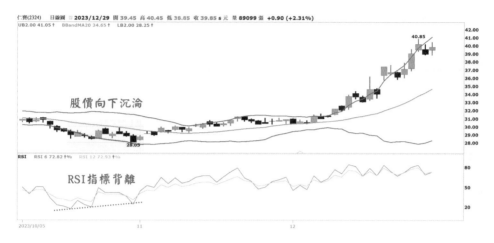

（資料來源：XQ 全球贏家）

圖 86-2　以「訊達」（6140）為例，股價走平而 RSI 上揚，最終會促使股價轉為上揚。

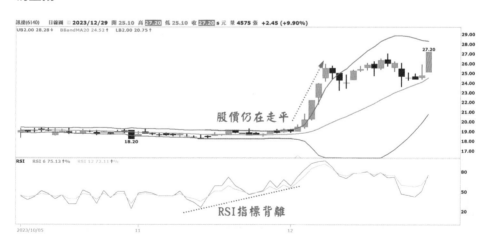

（資料來源：XQ 全球贏家）

# 87 股期當沖做對了，要讓獲利奔跑！

重點提問：股期當沖槓桿大、風險高，是否一定不能抱股太久？如何賺得更多呢？

　　股市獲利的兩大法寶是：介入時機要恰當、選股要正確。一旦選對了股票，就要瞪大眼睛守住風險，只要設好停損點，利潤就會自己奔跑。股期雖然槓桿大，風險也大，但如果發現走勢和你預期的方向一樣，當天就未必一定要平倉，可以延長你的持有時間。這就是所謂的「讓獲利奔跑」！不過，如果你是在錯誤的路上，奔跑也沒用。所以要靈活運用，原先準備做當沖不必堅持非平倉不可。

## 線型突破三角形收斂，當沖改波段

　　2023 年 11 月，筆者很多天都有「一日賺 10 多萬元」的紀錄（30 萬的本金）。請看圖 87-1，以「華新科」（2492）為例，我當天進場就並未平倉，圖中的 ❶（11 月 1 日）是我的進場日，❷（11 月 3 日）則是我的出場日。交易的買進理由是它突破了平台三角形收斂的點位。我認為會有一波較大的行情。再看圖 87-2，我 11 月 3 日當天做了 80 口股期，總獲利扣除成本，已經淨賺 120,678 元，就不再貪心。因為不賣的話，若遇見其他更好的標的，小資族可用的資金就不好週轉（股期必須先入金）。

圖 87-1 以「華新科」（2492）為例，❶11 月 1 日是進場日，❷11 月 3 日是出場日。

（資料來源：XQ 全球贏家）

圖 87-2 筆者大方分享「華新科」進出場日期和成交價格的詳細資料。

| 成交日期 | 買賣別 | 商品名稱 | 口數 | 成交價 | 損益 |
|---|---|---|---|---|---|
| 2023/11/03 | 賣出 | 華新科期11 | 1 | 123.5000 | 17,000.00 |
| 2023/11/01 | 買進 | 華新科期11 | 1 | 115.0000 | |
| 2023/11/03 | 賣出 | 華新科期11 | 1 | 123.5000 | 16,000.00 |
| 2023/11/01 | 買進 | 華新科期11 | 1 | 115.5000 | |
| 2023/11/03 | 賣出 | 華新科期11 | 1 | 123.5000 | 18,000.00 |
| 2023/11/01 | 買進 | 華新科期11 | 1 | 114.5000 | |
| 2023/11/03 | 賣出 | 華新科期11 | 1 | 123.5000 | 16,000.00 |
| 2023/11/01 | 買進 | 華新科期11 | 1 | 115.5000 | |
| 2023/11/03 | 賣出 | 華新科期11 | 1 | 123.5000 | 18,000.00 |
| 2023/11/01 | 買進 | 華新科期11 | 1 | 114.5000 | |
| 2023/11/03 | 賣出 | 華新科期11 | 1 | 123.5000 | 18,000.00 |
| 2023/11/01 | 買進 | 華新科期11 | 1 | 114.5000 | |
| 2023/11/03 | 賣出 | 華新科期11 | 1 | 122.5000 | 2,000.00 |
| 2023/11/03 | 買進 | 華新科期11 | 1 | 121.5000 | |
| 2023/11/03 | 賣出 | 達方期11 | 1 | 48.7000 | 900.00 |
| 2023/11/03 | 買進 | 達方期11 | 1 | 48.2500 | |
| 2023/11/03 | 賣出 | 達方期11 | 1 | 48.7000 | 500.00 |
| 2023/11/03 | 買進 | 達方期11 | 1 | 48.4500 | |
| 2023/11/03 | 賣出 | 達方期11 | 1 | 48.7000 | 700.00 |
| 2023/11/03 | 買進 | 達方期11 | 1 | 48.3500 | |
| 2023/11/03 | 賣出 | 達方期11 | 1 | 48.7000 | 800.00 |
| 2023/11/03 | 買進 | 達方期11 | 1 | 48.3000 | |
| 2023/11/03 | 賣出 | 達方期11 | 1 | 48.7000 | 800.00 |
| 2023/11/03 | 買進 | 達方期11 | 1 | 48.3000 | |
| 2023/11/03 | 賣出 | 威盛期11 | 1 | 144.5000 | 2,000.00 |
| 2023/11/03 | 買進 | 威盛期11 | 1 | 143.5000 | |
| 2023/11/03 | 賣出 | 小型穩懋期11 | 1 | 156.0000 | 100.00 |
| 2023/11/03 | 買進 | 小型穩懋期11 | 1 | 155.0000 | |
| 2023/11/03 | 賣出 | 小型穩懋期11 | 1 | 156.0000 | 100.00 |
| 2023/11/03 | 買進 | 小型穩懋期11 | 1 | 155.0000 | |

11/3 淨獲利

台幣 120,678.00　美元 0.00　人民幣 0.00　日幣 0.00　交易口數 80

1.本功能提供查詢三年內歷史資料，區間為三個月。

（截圖：方天龍 2023.11.03.的成交單）

# 88 技術分析要懂，還得有點想像力

重點提問：「群創」已經漲好幾波了，為何老師還要追它呢？高檔爆量不是很危險嗎？

　　請看圖 88-1，「群創」看似已漲好幾波了，但相較其他的股票仍算是低基期。何況 2024 年 1 月 5 日這天，它的技術線型已經呈現「上揚三法」的態勢了。技術線型不要呆板看待，「上揚三法」（請參考本書圖 77-1）雖然經典範例是 5 根 K 棒的組合，可是圖 88-1 藍框的 8 根 K 棒組合，也和它的意義相同。技術線型的突破，代表多方已經取得初步勝利。盤後看外資的買賣超：外資當天買超 39,086 張，投信也買超 146 張，自營商也買超 7,421 張。可見盤中的買進，並沒有錯。它當天是收最高價的！

## 盤中爆量被突破，未來還有更高點

　　當然，當天權證的自營商避險張數高達 9,020 張，次一個交易日可能有權證購買者的短線獲利賣壓，但基本上後市仍是看漲的。當天筆者買進的是「群創」的股期，請看圖 88-2，盤中 1,418 口看起來是當天的相對大量（盤後可知是當天最大量），但股價並未產生「高檔爆量→凶多吉少」的危機，反而收最高價。可見得不做當沖、把股期留倉並沒有錯，次日必還有高點可期。

圖 88-1　以「群創」（3481）為例，最近的 8 根 K 棒就是「上揚三法」的化身。

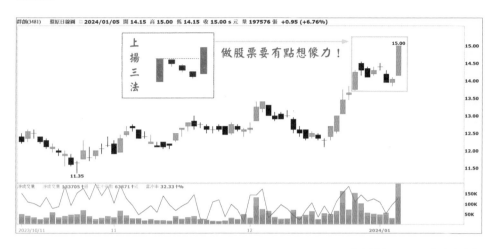

（資料來源：XQ 全球贏家）

圖 88-2　「群創」股期突破最大量之後仍向高處攀升，表示還有高點。

（資料來源：XQ 全球贏家）

# 89 放空當沖，要膽大心細準備夠

重點提問：「恆大」居然跌停了，啊，如何知道及時放空呢？

　　「恆大」在幾年前疫情期間，一度是最夯的飆股。但如今雖偶有疫情傳聞，但它已不再有飆勁，多半是大戶短線進出的標的而已。它的股本只有 8.53 億，極容易成為短線主力控制的標的，最好不要去玩它。請看圖 89-1，它在 2023 年 11 月下旬起，就有大戶在操作，明顯出量。但是，看它連續三波都是高檔就下殺、跌破跳空缺口，形成大長黑，如果沒有準備好，您追高就會成為「刀下亡魂」！

## 最高量開在第一筆，下殺容易形成大長黑

　　想要放空這種「向下飆」的股票，必須平時就要注意它，否則臨時是來不及放空的！從圖 89-1 的日線圖，我們可以發現它第一波漲了 7 根 K 棒，第二波是第 4 根 K 棒就下殺，第三波才漲 2 根 K 棒就下殺，可見得主力越做越短，您如果沒有心理準備，做多是很容易被坑的。請看圖 89-2，「恆大」會收跌停的特徵如下：開高→48.8，再拉有限（最高 48.85），迅即下殺爆出 2,248 張超級大量，若有反彈都是空點，最終仍「塵終於塵，土歸於土」，只看您有沒有準備好、有沒有足夠膽識而已！

圖 89-1　以「恆大」（1325）三次下殺，都跌破跳空缺口。

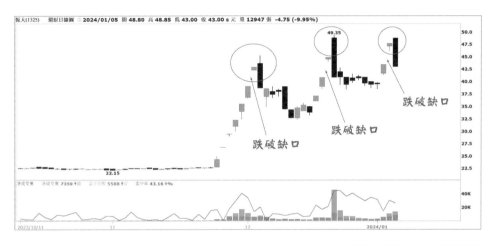

（資料來源：XQ 全球贏家）

圖 89-2　「恆大」（1325）在 2024 年 1 月 5 日股價被殺到跌停之前的特徵。

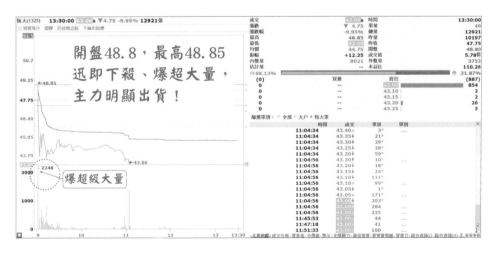

（資料來源：XQ 全球贏家）

# 90 爆量之後沒重跌，三天觀察期！

重點提問：「欣銓」留長上影線了，老師為什麼沒把它沖掉還續抱呢？

　　股期和股票一樣，也有「三天觀察期」可以遵循（請參考財經傳訊出版社拙著《100 張圖幫股市小白財富自由》182 頁）。請看圖90-1，「欣銓」（3264）日線圖中的❶是 2023 年 12 月 4 日的 K 棒，❸是當天的成交量，如此的爆量其實並非實際的量，看❹就知道大部分仍是當沖的量，筆者當天買進，特意留倉，給它三天的觀察期，直到❷這天才賣掉完成「三日沖」，因為第二天雖收黑，低點並未破底。

## 3 天內觀察趨勢和換手狀況，決定行動

　　想做當沖，卻可隨機應變改為留倉。這是筆者一直強調的理念。如果三天觀察期，研判是股價有機會更高，當天就應當續抱，才會賺更多。請看圖90-2，這是筆者 2023 年 12 月 6 日交易成交單的細目。我當天因為還有其它的事待辦，所以只把 12 月 4 日留倉的「欣銓」賣掉而已（只交易 12 口），如此就獲淨利 29,620 元（扣掉成本），算是「達標」了。贏家的思維，關鍵在於要觀察股價的趨勢是向上的、成交量是否換手成功。不過，由於股期槓桿較大、有風險，所以當您自己覺得賺太多時，最好先賣出一趟。

圖 90-1　以「欣銓」（3264）為例，❶❷分別是進出場日期，❸❹是買進日成交量和淨成交量數據。

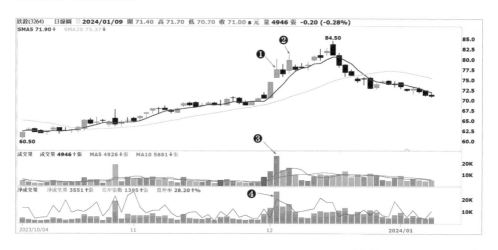

（資料來源：XQ 全球贏家）

圖 90-2　筆者 2023 年 12 月 6 日股期交易成交單的細目，當天只作平倉，未有新動作。

| 成交日期 | 買賣別 | 商品名稱 | 口數 | 成交值 | 損益 |
|---|---|---|---|---|---|
| 2023/12/06 | 賣出 | 欣銓期12 | 1 | 80.3000 | 4,400.00 |
| 2023/12/04 | 買進 | 欣銓期12 | 1 | 78.1000 | |
| 2023/12/06 | 賣出 | 欣銓期12 | 1 | 80.4000 | 4,600.00 |
| 2023/12/04 | 買進 | 欣銓期12 | 1 | 78.1000 | |
| 2023/12/06 | 賣出 | 欣銓期12 | 1 | 80.5000 | 4,800.00 |
| 2023/12/04 | 買進 | 欣銓期12 | 1 | 78.1000 | |
| 2023/12/06 | 賣出 | 欣銓期12 | 1 | 80.6000 | 5,000.00 |
| 2023/12/04 | 買進 | 欣銓期12 | 1 | 78.1000 | |
| 2023/12/06 | 賣出 | 欣銓期12 | 1 | 80.7000 | 5,400.00 |
| 2023/12/04 | 買進 | 欣銓期12 | 1 | 78.0000 | |
| 2023/12/06 | 賣出 | 欣銓期12 | 1 | 80.8000 | 5,600.00 |
| 2023/12/04 | 買進 | 欣銓期12 | 1 | 78.0000 | |

欣銓三日沖

| 台幣 | 29,620.00 | 美元 | 0.00 | 人民幣 | 0.00 | 日幣 | 0.00 | 交易口數 | 12 |

（截圖：方天龍 2023.12.06.的成交單）

# 91 連6紅，利多有變也難免重挫

重點提問：老師，「陽明」12 月 25 日為什麼突然跌停呢？

　　近年短線盛行，一旦空方居於優勢，主力為了更大的獲利，常把價差拉得很大，甚至打到跌停，這種事已經屢見不鮮了，所以對於「得理不饒人」的殺盤，自己要多小心。情況不對，就必須及時停損。請看圖 91-1，「陽明」（2609）所以連六紅，是因以哈衝突未歇，葉門叛軍持續在紅海和亞丁灣攻擊商船，最新一期國際運價周漲 7.7%，市場普遍對運價看高。這普遍被視為航運股的利多消息。

## 先漲先跌，最飆的股票反而最危險

　　但是，「航運龍頭馬士基表示因為美國政府的護航，準備在紅海恢復航行！」的「利多出盡」因素，貨櫃三雄（包括陽明、長榮、萬海）股價就無情地重挫了。請看圖 91-2 的右下方，貨櫃三雄的大跌，是「陽明」率先跌停的。因為它在當時之前是漲勢最凶的股票（連六紅），所以先漲就先跌。

　　凡是股價漲多了的股票，都必須有「危機意識」。當利多的因素改變時，最飆的股票往往受傷最重。最需要反省的是「看大盤做個股」。謹記「空頭不做多，多頭不做空」的原則，就握有一顆保命丹。

圖 91-1 「陽明」（2609）連六紅之後，2023 年 12 月 25 日突因利多有變殺到跌停。

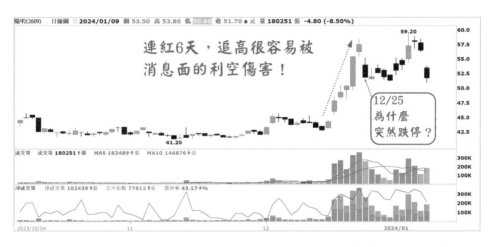

（資料來源：XQ 全球贏家）

圖 91-2 「陽明」因利多因素消失，股價被殺到跌停。

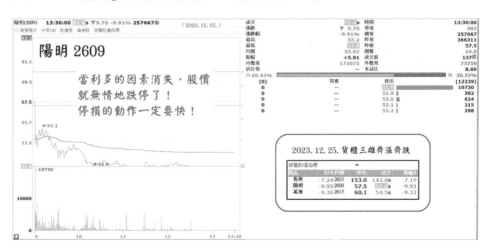

（資料來源：XQ 全球贏家）

# 92 AI 狂飆之後，為何有的一直沒再漲？

重點提問：老師，前一段日子 AI 股狂飆之後，為什麼後來一直沒漲，卻有某些個股異軍突起？

請看圖 92-1，以「緯創」（3231）的月線圖為例，從 2022 年 7 月的低價 23.1 到 2023 年 7 月的高點 161.5，僅一年之間，股價大漲了七倍！挾 AI 題材，「緯創」曾經是人氣最高的飆股，但是近半年來，許多渴望 AI 股續漲的股民一再失望，原因是什麼呢？主要是族群類股「沒有新的題材」的緣故。此外，公開資訊觀測站最新資料顯示，「緯創」的五位高級主管都在賣股，自然小股民不敢輕易再碰。

## 標榜 AI 股，要漲還需要新的題材

但是，請看圖 92-2，代工大廠英業達為何在近期突然連拉兩根「一字型」漲停呢？許多人以為 AI 股又重振雄風了，沒想到又失望了，那為什麼會有一小部分標榜 AI 的股票異軍突起呢？（例如宏碁、仁寶等）？因為只要有新的題材，才可能發出火花！英業達旗下「無敵」，近年積極朝多元化發展，轉型將人工智慧（AI）技術導入車用倒車顯影、開發物聯網等相關 AIoT 裝置產品，切入汽車保險市場，題材熱度延燒，獲買盤青睞，才能帶動股價表現。所以操作時，必須注意「發掘新的 AI 題材」。

圖 92-1　以「緯創」（3231）為例，一年內大漲 7 倍，如今已連 4 月處於盤整中。

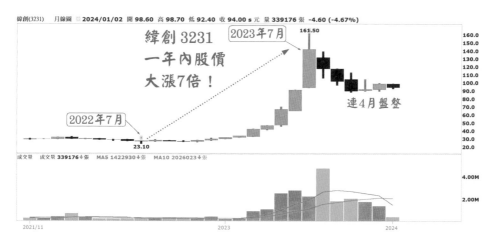

（資料來源：XQ 全球贏家）

圖 92-2　英業達為何突然連拉兩根「一字型」漲停，是由於有新的 AI 題材。

（資料來源：XQ 全球贏家）

台灣廣廈 國際出版集團
Taiwan Mansion International Group

國家圖書館出版品預行編目（CIP）資料

100張圖成為當沖贏家：神準天王分享日賺10萬元的操盤技巧
／方天龍 著，-- 初版. -- 新北市：財經傳訊，2024.1
面；　公分. --（through;26）
ISBN 978-626-719-7486（平裝）
1.CST：股票投資　2.CST：投資分析　3.CST：投資技術

563.53　　　　　　　　　　　　　　　112021412

財經傳訊
TIME & MONEY

# 100張圖成為當沖贏家：
### 神準天王分享日賺10萬元的操盤技巧

| | |
|---|---|
| 作　　　者／方天龍 | 編輯中心／第五編輯室 |
| | 編 輯 長／方宗廉 |
| | 封面設計／林珈仔 |
| | 製版・印刷・裝訂／東豪・弼聖・秉成 |

| | |
|---|---|
| 行企研發中心總監／陳冠蒨 | 線上學習中心總監／陳冠蒨 |
| 媒體公關組／陳柔彣 | 數位營運組／顏佑婷 |
| 綜合業務組／何欣穎 | 企製開發組／江季珊、張哲剛 |

發 行 人／江媛珍
法 律 顧 問／第一國際法律事務所 余淑杏律師・北辰著作權事務所 蕭雄淋律師
出　　　版／台灣廣廈有聲圖書有限公司
　　　　　　地址：新北市 235 中和區中山路二段 359 巷 7 號 2 樓
　　　　　　電話：（886）2-2225-5777・傳真：（886）2-2225-8052

代理印務・全球總經銷／知遠文化事業有限公司
　　　　　　地址：新北市 222 深坑區北深路三段 155 巷 25 號 5 樓
　　　　　　電話：（886）2-2664-8800・傳真：（886）2-2664-8801
郵 政 劃 撥／劃撥帳號：18836722
　　　　　　劃撥戶名：知遠文化事業有限公司（※ 單次購書金額未達 1000 元，請另付 70 元郵資。）

■出版日期：2024 年 1 月　　■初版 3 刷：2024 年 9 月
ISBN：978-626-719-7486